westermann

wortstark 5

DEUTSCH

Förderheft

Erarbeitet von

Kerstin Inga Böcher
Ingrid Gebhard
Sven Erik Hansen
Sina Worbs

wortstark 5

DEUTSCH

Förderheft

Das Förderheft basiert auf dem **wortstark**-Arbeitsheft (ISBN 978-3-14-**124706**-0), erarbeitet von Annika Blanke, August Busse, Holger Döding, Irmgard Honnef-Becker, Peter Kühn, Julia Reisch und Fritz Wiesmann.

Textquellen:
S. 29: Christine Nöstlinger. Bille und Tomas. Aus: Das große Nöstlinger Lesebuch. Geschichten für Kinder. Mit vielen Bildern. Weinheim/Basel: Beltz & Gelberg 2011. S. 110f.

Bildquellen:
|alamy images, Abingdon/Oxfordshire: 14.2; Cindy Hopkins 32. |Bahr, Thom: 59.1, 59.2, 65.1. |Diaz, Danae: 3.1, 3.2, 16.1, 17.1, 18.1, 20.1, 21.2, 47.6, 58.1, 58.2, 61.1-3, 62.1, 62.2, 67.1, 68.1, 70.1-6, 71.1-6, 72.1-6, 73.1-6, 74.1. |Erstes Bayerisches Schulmuseum Sulzbach-Rosenberg e.V., Sulzbach-Rosenberg: 41.1. |F1online, Frankfurt/M.: 34. |Fabian, Michael, Hannover: 45.1. |fotolia.com, New York: cynoclub 22.2; emer 46.3; jurgen1966 47.5; martiposa 13.2; Omika 47.4; PRILL Mediendesign 46.2, 54.1; st-fotograf 40.1. |iStockphoto.com, Calgary: (Kinder) Titel, Shutterstock. com, New York: (Muskelarme) Titel; Coleman515 14.1; GlobalP 22.1, 47.1; Noluma 12; SolStock 6. |MOODMOOD.de, Braunschweig: Foto: Florian Röske 41.2. |Müller, Bodo, Bartensleben: 52.1. |OKAPIA KG - Michael Grzimek & Co., Frankfurt/M.: B. M. H. Kunz 21.1; Lanceau/Cogis 42.1; NAS/M. H. Sharp 33. |PantherMedia GmbH (panthermedia. net), München: mikelane45 47.3. |Picture-Alliance GmbH, Frankfurt/M.: 56.1; 57.1; ZB-Fotoreport 36. |Schwarzstein, Yaroslav: 8.1, 24.1-5, 27.1, 28.1, 29.1, 31.1, 39.1, 39.2, 43.1, 50.1, 50.2, 51.1, 63.1-5, 75.1-3, 76.1-3, 77.1-3. |Shutterstock.com, New York: Alexruss 44.1; PureSolution 4; SAK Design 5; vasabii 4, 5. |stock.adobe.com, Dublin: 25.0; hemlep 37.2; Isselée, Eric 47.2; Närdemann, Claudia 37.1; Sonja Haja 46.1; thombach 13.1. |vario images, Bonn: 48.1.

Druck A⁴ / Jahr 2024
Alle Drucke der Serie A sind im Unterricht parallel verwendbar.

Die Seiten dieses Produkts bestehen zu 100 % aus Altpapier.

Damit tragen wir dazu bei, dass Wald geschützt wird, Ressourcen geschont werden und der Einsatz von Chemikalien reduziert wird. Die Produktion eines Klassensatzes unserer Arbeitshefte aus reinem Altpapier spart durchschnittlich 12 Kilogramm Holz und 178 Liter Wasser, sie vermeidet 7 Kilogramm Abfall und reduziert den Ausstoß von Kohlendioxid im Vergleich zu einem Klassensatz aus Frischfaserpapier. Unser Recyclingpapier ist nach den Richtlinien des Blauen Engels zertifiziert.

Redaktion: Stefan Bicker
Umschlaggestaltung: Janssen Kahlert Design & Kommunikation, Hannover
Druck und Bindung: Westermann Druck GmbH, Georg-Westermann-Allee 66, 38104 Braunschweig

ISBN 978-3-14-**124718**-3

So lernst du mit dem wortstark-Förderheft

Liebe Schülerin, lieber Schüler!

Mit dem **wortstark**-Förderheft kannst du üben und festigen,
was ihr im Deutschunterricht gelernt habt.
Dann bist du auch gut vorbereitet,
wenn ihr dazu eine Klassenarbeit schreibt.

In das Förderheft kannst du hineinschreiben,
du kannst darin etwas markieren,
ergänzen oder zeichnen.

Wenn du Aufgaben bearbeitest hast,
kannst du mit dem Lösungsteil kontrollieren,
ob du alles richtig gemacht hast.

Die meisten Übungen wirst du bearbeiten,
wenn das Thema gerade im Unterricht
durchgenommen und besprochen wird.
Später kannst du diese Seiten noch einmal wiederholen.
Hake im Inhaltsverzeichnis ab, welche Seiten
du bearbeitet und wiederholt hast.

bearbeitet   wiederholt

Wähle deine Übungen mit Überlegung aus!
Frage dich, was du besonders üben oder wiederholen solltest.
Lass dich bei der Auswahl von deiner Lehrerin oder
deinem Lehrer beraten.

Und nun: Viel Spaß und Lernerfolg
mit dem **wortstark**-Förderheft!

SCHREIBEN

TEXTE UND MEDIEN

*Schülerband
Seiten 58 – 59*

Briefe planen, entwerfen und schreiben

❶ Teile eines Briefes sind hier durcheinandergewürfelt.
Schreibe sie in der richtigen Reihenfolge auf die Linien.

| du wolltest ja wissen, was ich bei der Greifvogelvorführung mit unserer Klasse erlebt habe … | Kim | Tschüss |
| | Hallo Verena, | Dortmund, 15.10.20.. |

_____

_____ ,

_____

_____

_____

_____

_____

2 Sieh dir an, was du aufgeschrieben hast.
Markiere unterschiedlich:
a) Wer hat diesen Brief geschrieben?
b) An wen wurde der Brief geschrieben?
c) Worüber will die Verfasserin in dem Brief etwas schreiben?

3 So geht Kims Brief weiter. Schreibe alle unterstrichenen Anredepronomen auf die Linie.

Das wäre etwas für dich gewesen. Stell dir vor: Der Falkner kam
mit einem großen Wüstenbussard auf mich zu. Ich sollte mir
einen dicken Lederhandschuh anziehen und den Arm ausstrecken.
Weißt du, was er dann gemacht hat? Er setzte den Riesenvogel
auf meine Hand. Ich habe ein Foto für dich mitgeschickt.

Das sind die Anredepronomen in dem Brief:

_____

4 Setze in der Fortsetzung des Brieftextes von Kim die passsenden
Anredepronomen ein: Du   dich   dir   du   dir

Auf dem Foto kannst _____ seinen spitzen Schnabel erkennen.

_____ kannst _____ vorstellen, dass ich zuerst etwas Angst

hatte. Aber ich kann _____ beruhigen, er war ganz brav.

So eine Greifvogelschau muss ich unbedingt auch mal mit _____

besuchen.

5 a) Schreibe Kims Brief vollständig ab.
b) Schreibe eine passende Schlussformel unter den Brief.
Wähle aus oder finde eine eigene:
Herzliche Grüße, Mit freundlichen Grüßen, Viele Grüße.

*Schülerband
Seiten 66 – 70*

Eine Geschichte planen und schreiben

Hier entsteht eine Geschichte Schritt für Schritt.

Schritt 1: Eine Schreibidee finden

1 Was passiert hier alles? Kreise die Situationen ein und schreibe A-E dazu. Ergänze den Satz E.

    A Ein Junge gibt einem Mädchen ein Geschenk.
    B Drei Lehrer suchen etwas.
    C Kinder finden etwas in einem Busch. ✓
    D Kinder stehen im Kreis und reden.

    E Der Hausmeister fragt, wer die _____

_____

_____

2 **Ideen** in einem **Cluster** sammeln:
Zu welcher Situation im Bild passt der Cluster? Situation ____

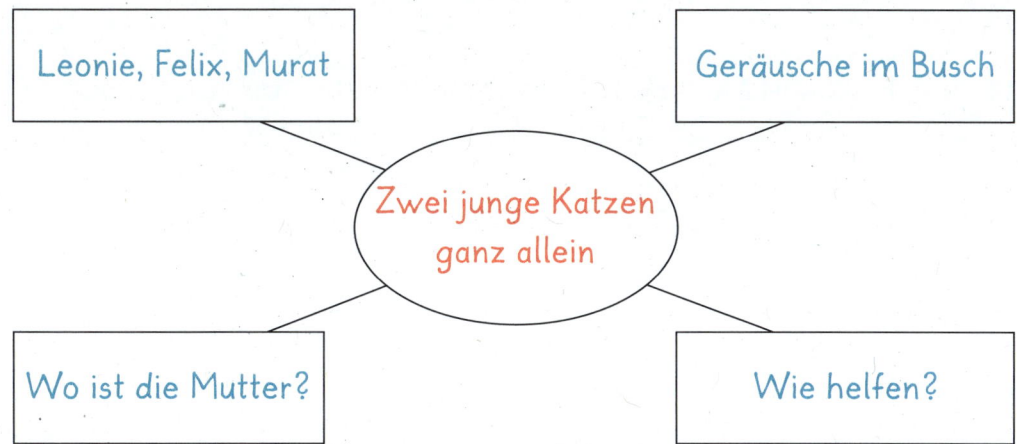

| Leonie, Felix, Murat | | Geräusche im Busch |

Zwei junge Katzen
ganz allein

| Wo ist die Mutter? | | Wie helfen? |

3 Aus dem Cluster **Stichwörter** zum **Ablauf** der Geschichte
entwickeln:
a) Ergänze die Lücken mit den Wörtern: Murat, ein Wimmern,
  Katzen, helfen, Hause, warten.

1. Schule, Pause,
2. Leonie, Felix und _____

3. hören im Busch _____

4. finden zwei junge _____

5. überlegen, wie _____

6. mit nach _____ nehmen

7. bis zur nächsten Pause _____
8. rauslaufen

b) Schreibe auf, was du über die Geschichte erfährst:

Wo spielt die Geschichte?   _____

Wann spielt die Geschichte?   _____

Wer spielt in der Geschichte mit?   _____

Schritt 2: Ins Schreiben kommen – Der Anfang der Geschichte

4 Schreibe die Satzteile in der richtigen Reihenfolge auf.

Leonie, Felix und Murat | auf dem Schulhof. | sind in der Pause

_____

_____

ein Wimmern. | Murat hört | auf einmal |

_____

Sie entdecken | zwei junge Katzen. | im Busch

_____

helfen? | Wie können | die Freunde

_____

Felix schlägt vor: | mit nach Hause!" | „Ich nehme die Kätzchen

_____

_____

die Mama wieder." | „Vielleicht kommt | Leonie meint:

_____

bis zur nächsten Pause." | „Ok, wir warten | Murat meint:

_____

_____

Schritt 3: Schreiben, was weiter passiert

5 Welche Wörter passen nicht? Streiche sie durch.

Die zwei Minuten / Stunden / Tage dauern sehr lange.
Endlich hupt / klingelt / ruft es. Pause!
Aufgeregt laufen die Freunde / Lehrer / Schüler der 5. Klassen
wieder zum Kiosk / Lehrerzimmer / Busch.
Nichts ist zu hören / fühlen / riechen.
Sie sehen nach. Alles leer!
Keine jungen Hunde / Igel / Kätzchen sind mehr da.

Schritt 4: Die Geschichte beenden

6 Welchen **Schluss** findest du besser für die Geschichte?
Kreuze an.

○ Felix ist traurig: „Schade, ich hätte die Kätzchen gern mit nach
   Hause genommen."

○ Leonie ist froh: „Prima, die Mama hat sie geholt. Jetzt geht es
   den kleinen Katzen wieder gut."

7 a) Lies dir die **Überschriften** durch und ordne sie zu:

Diese Überschrift ist zu knapp: Die Katze holt ihre Jungen ab

Diese Überschrift ist langweilig: Die Katzen

Diese Überschrift macht neugierig: Zwei hilflose Kätzchen

b) Schreibe die beste Überschrift hier auf:

_____

8 Schreibe nun die ganze Geschichte in dein Heft.

Schülerband
Seiten 75 – 76

Über Tiere informieren

1 Hier ist die Beschreibung des Zebras durcheinandergeraten.

a) Ordne die Begriffe den Textbausteinen zu: Aussehen, Lebensraum, ~~Ernährung~~, Größe und Gewicht, Alter.

b) Nummeriere die Bausteine in einer sinnvollen Reihenfolge.

L _____

Zebras leben **in Afrika**. Dort findet man sie vorwiegend **in Steppen**.

1

G _____ und **G** _____

Zebras sind mit den Pferden verwandt. Mit rund **150 Zentimetern** sind sie **etwas kleiner** als Pferde. Zebras können ein **Gewicht von 400 Kilogramm** erreichen.

Ernährung _____

Zebras zählen zu den **Pflanzenfressern** und **ernähren sich** hauptsächlich von Gräsern.

A _____

Das auffälligste Merkmal der Zebras ist ihr **schwarz-weiß gestreiftes Fell**. Durch die Streifen können Raubtiere einzelne Tiere schwerer erkennen.

A _____

Zebras können bis zu **25 Jahre alt** werden.

2 In der folgenden Beschreibung fehlen Nomen zur genauen Bezeichnung der Körperteile. Lies den Text und setze die Nomen an den passenden Stellen ein.

Rücken Brust Bauch Schnabel Schwanz Hinterkopf
Flügel Krallen Federkleid Gesicht

Aras können bis zu 85 Zentimeter groß werden.

Auffällig ist **ihr buntes** F_____:

Br_____ und B_____ sind **gelb gefärbt**.

Der H_____ ist **grün** und **hellblau**.

Der R_____, der Sch_____

sowie die F_____ sind **hellblau**.

Sein G_____ ist **weiß** und hat ein **auffälliges**

Streifenmuster. Typisch sind auch **der schwarze**

Sch_____ und **die grauen** K_____.

3 In der folgenden Tierbeschreibung fehlen Adjektive zur genaueren Beschreibung des Feuersalamanders. Ergänze die Adjektive im Lückentext.

kurzen gelben schwarz breiten ~~auffälligen~~ länglichen

Der **Feuersalamander** hat einen _____ Kopf,

einen _____ Körper und

einen _____ Schwanz.

Seine Haut glänzt _____. Sein Körper ist von

einem auffälligen Muster aus _____ Flecken überzogen.

*Schülerband
Seite 79*

Über Tiere unterschiedlich informieren

1 Betrachte die Abbildungen der beiden Tiere genau.
– Markiere die Beschreibungen, die zum Stinktier passen, gelb.
– Markiere die Beschreibungen, die zum Husky passen, blau.

Das Stinktier

Der Husky

– spitze Schnauze

– kurze Beine

– wiegen bis zu 28 Kilogramm

– langer, buschiger Schwanz

– schwarzweiß gemustertes, langhaariges Fell

– Greifvögel sind die größten Feinde

– bis zu 40 Zentimeter groß

– fressen neben Insekten und Mäusen auch Pflanzen

– stammen aus kalten Regionen wie Sibirien, Alaska und Grönland

– wiegen bis zu 6 Kilogramm

– Wölfe und Bären zählen zu ihren Feinden

– leben in Steppen, Halbwüsten oder im Buschland

– schmaler, weißer Streifen von der Stirn bis zur Nase

– bis zu 60 Zentimeter groß

❷ Ergänze das Zooschild über das <mark>Stinktier</mark> mithilfe
der Beschreibungen, die du gelb markiert hast.

Informationen über das Stinktier

Größe: _____

Gewicht: _____

Aussehen: _____

_____

_____

Ernährung: _____

Lebensraum: _____

Feinde: _____

❸ Ergänze die Lücken in dem Infotext über <mark>Huskys</mark> mithilfe der
Beschreibungen, die du blau markiert hast.

Huskys

Huskys erreichen eine Größe von bis zu _____ Zenti-

metern und wiegen rund _____ Kilogramm. Auffällig ist

ihr schwarzweißes Fell mit typischer weißer Gesichtsmaske.

Huskys stammen aus _____

wie Sibirien, Alaska und Grönland.

Huskys sind Fleischfresser. Zu ihren natürlichen Feinden

zählen _____ und _____.

*Schülerband
Seite 85*

Bausteine einer Anleitung erkennen

**Diese vier Teile (Bausteine) kommen fast immer
in Anleitungen vor:**

Bausteine einer Anleitung	W-Fragen (Aufgabe 1)
1. Überschrift mit Thema	
2. Materialien und Hilfsmittel	
3. Beschreibung einzelner Schritte	
4. Weitere Tipps	

1 Ordne den Bausteinen einer Anleitung die W-Fragen zu.
Schreibe sie in die 2. Spalte der Tabelle.

    – Was musst du besorgen?

    – Worum geht es?

    – Was kannst du auch anders machen?

    – Was musst du nacheinander tun?

2 Auch in dem folgenden Text kommen die typischen vier
Bausteine einer Anleitung vor. Suche die Bausteine und
markiere sie mit der Farbe wie in der Tabelle.

So kannst du dein Taschengeld gut einteilen
Besorge dir am besten zwei Dosen mit Deckel und
zwei Klebe-Etiketten. Schreibe auf das erste Etikett:
für tägliche Ausgaben, auf das zweite Etikett:
5   für größere Ausgaben. Klebe nun auf jede Dose ein
Etikett. Jedes Mal, wenn du dein Taschengeld
bekommst, überlege dir, wie du es aufteilen willst.
In die erste Dose kommt das Geld, das du in der
Woche ausgeben willst. In der zweiten Dose kannst
10   du Geld zurücklegen für eine größere Anschaffung,
für einen besonderen Wunsch, den du dir später
erfüllen willst. Tipp: Statt der Dosen kannst du auch
Gläser mit einem Schraubverschluss nehmen.

In der richtigen Reihenfolge beschreiben

*Schülerband
Seite 86*

1 Die Stichpunkte für die Spielanleitung „Flaschenzielen" sind durcheinandergeraten:

☐	Tipp: Je kürzer die Schnur umso schwieriger
☐	Dann das Startkommando geben und die Zeit abstoppen
☐	Zuerst den Nagel an die Schnur binden
☐	Spieler muss in die Hocke gehen und den Nagel möglichst schnell in die Flasche bekommen – ohne Hände
☐	Danach die Schnur hinten an der Hose des Spielers befestigen, der Nagel hängt in Kniehöhe
☐	der schnellste Spieler hat gewonnen
☐	Material: leere Flasche, Schnur, Nagel, Stoppuhr
☐	Anschließend die Flasche hinter den Spieler stellen
1	**Flaschenzielen**

a) Was macht der Junge auf der Abbildung?
   Suche den Stichpunkt, zu dem die Abbildung passt.
   Kennzeichne ihn mit einem Kreuz.
b) Nummeriere die Stichpunkte in der richtigen Reihenfolge.
   Der Anfang ist schon gemacht.

← Die Stichpunkte sind farbig so gekennzeichnet wie die Bausteine in der Tabelle auf Seite 16.

2 Markiere diese Satzanfänge in den roten Kästen:
anschließend   danach   dann   zuerst

*Schülerband
Seite 88*

Eine Anleitung ergänzen

1 a) Sieh dir mit einem Partner die Abbildung an:
Was erkennt ihr?

b) Nach welchen Regeln würdet ihr das Spiel spielen?
Wie wollt ihr beginnen? Wie endet das Spiel?
Wie viele Mitspieler müssen es wenigstens sein?

2 Vergleiche die beiden Stichwortzettel zu dem Spiel.
Was fällt dir auf? Tausche dich auch mit einem Partner aus.

– Modellautos besorgen – Schnur an einem kurzen Stab und am Auto befestigen – Autos mit abgewickelter Schnur nebeneinander an der Startlinie aufstellen – Stäbchen mit beiden Händen festhalten – das Auto möglichst als Erster über die Ziellinie bringen	– eine Spielfläche mit Start- und Ziellinie vorbereiten – eine etwa 2 m lange Schnur an jedem Auto befestigen – Startkommando abwarten – Stäbchen mit beiden Händen drehen und Schnur aufwickeln – hinter der Ziellinie hinsetzen

3 Erstelle aus den beiden Stichwortzetteln einen neuen Stichwortzettel für deine Spielanleitung.

a) Streiche, was du nicht nutzen möchtest.

b) Schreibe die Stichworte ab, die du verwenden möchtest:

_____

_____

_____

_____

_____

_____

_____

c) Lege die Reihenfolge fest. Nummeriere die Arbeitsschritte.

4 a) Ergänze die ausführliche Spielanleitung.
    Nutze dazu die Angaben von deinem Stichwortzettel.

Besorgt für jeden Mitspieler ein Modellauto, ein Holzstäbchen
(zum Beispiel einen Bleistift) und eine etwa 2m lange Schnur.
Befestigt die Schnüre an den Autos und an den Holzstäbchen.
Bereitet nun eine Spielfläche mit einer Start- und Ziellinie vor.

Stellt anschließend eure Autos mit _____

_____

Setzt euch _____
Nach dem Startkommando dreht ihr euer Stäbchen mit beiden

Händen und _____

Wer sein Auto als Erster über die Ziellinie bringt, hat _____

b) Finde einen interessanten Namen für das Spiel:

_____

*Schülerband
Seite 93*

Wünsche schriftlich formulieren

1 Schreibe eine kurze Mitteilung.

Hendrik hat aus Versehen Josis Englischbuch eingepackt.
Josi braucht das Buch aber dringend wieder. Sie muss für die
Arbeit üben. Josi schreibt Hendrik mit dem Handy.

a) Beantworte die Fragen.

– An wen schreibt Josi? _____

– Was möchte sie? _____

– Warum? _____

b) Bringe die Sätze in die richtige Reihenfolge.
   Schreibe Nummern davor:

____   Viele Grüße
____   bring mir bitte mein Englischbuch morgen mit zur Schule.
____   Hi, Hendrik,
____   Es ist sehr wichtig. Ich muss für die Arbeit üben.
____   Josi

c) Schreibe die Mitteilung nun richtig auf.

_____

_____

_____

_____

_____

Einen Aushang vorbereiten

*Schülerband
Seiten 94 – 96*

Ein Förster hat eine Waldgruppe.
Am Samstag um 11 Uhr wollen sie
den Wald sauber machen.
Sie brauchen aber noch mehr Helfer.
Florian macht für die Schule ein Plakat:

Große Waldaktion: Macht mit!

❶ Schreibe die Sätze zu den passenden Tieren.

– Wann? Samstag, 11 Uhr

– Wir brauchen mehr Nistkästen!

– Das Wasser muss sauber sein!

– Glasreste weg, sonst verletzen wir uns!

*Schülerband
Seiten 94 – 96*

Eine Einladung schreiben

❶ Lies den Aushang und beantworte die Fragen. Kreuze an.

a) Welche AG wird angeboten?

  ○ schwimmen lernen   ○ richtig retten lernen

b) Wer leitet die AG?

  ○ Herr Willing   ○ Frau Willing

c) Wer darf teilnehmen?

  ○ Schüler der 5. Klassen   ○ Schüler der 6. Klassen

2 Du möchtest bei der AG mitmachen. Dein Freund Erik schwimmt sehr gut. Macht er auch mit? Lade ihn dazu ein.

a) Ordne die Stichworte in die Tabelle ein.

- ~~Rettungsschwimmer-AG~~
- Leitung: Frau Willing
- auch wegfahren
- für Schüler der 5. Klassen

- cool, Leute zu retten
- tauchen lernen
- immer montags

Informationen	Gründe für die Teilnahme
– Rettungsschwimmer-AG	
– Leitung:	

b) Ergänze die Einladung mit Stichworten aus der Tabelle.

Hi Erik,

du musst unbedingt mit zur _____

_____ kommen. Sie ist immer _____ .

Du kannst doch toll schwimmen. Dort lernen wir auch zu

_____ .

Es wäre doch cool, richtig Leute zu _____ .

Viele Grüße

_____

*Schülerband
Seiten 120–121*

Ein Märchen erschließen und weiterschreiben

Nach den Brüdern Grimm

Die Wassernixe

A Einmal spielte ein Bruder mit seiner Schwester an einem Brunnen. Und dabei fielen sie beide in den Brunnen. Unten im Brunnen war eine Wassernixe, die sagte: „Jetzt habe ich euch, jetzt sollt ihr für mich arbeiten."

5 **B** Das Mädchen musste den ganzen Tag am Spinnrad sitzen und spinnen und es musste Wasser in einem großen Fass tragen. Der Junge sollte einen Baum mit einer stumpfen Axt fällen. Sie bekamen nur harte Klöße zu essen.

10 **C** Das hielten die Kinder nicht aus. An einem Sonntag ging die Nixe in die Kirche und die Kinder liefen weg. Sie nahmen eine Bürste, einen Kamm und einen Spiegel mit. Als die Nixe nach Hause kam, suchte sie die Kinder. Sie lief ihnen nach.

15 **D** Die Geschwister sahen sie schon von Weitem und das Mädchen warf die Bürste hinter sich. Daraus wurde ein Berg aus Bürsten mit Stacheln. Aber die Nixe kletterte darüber.

E Als die Kinder das sahen, warf der Junge den Kamm
20 hinter sich. Daraus wurde ein Berg aus Kämmen. Aber die Nixe kletterte auch darüber.

F Da warf das Mädchen den Spiegel hinter sich ...

❶ Was passiert im Märchen „Die Wassernixe"?

a) Ordne die Klebezettel den Abschnitten zu.
   Schreibe die passenden Anfangsbuchstaben A-E auf die Zettel.

b) Erzähle das Märchen einem Partner mit Hilfe der Notizzettel.

Kinder
fallen in
einen
Brunnen
A

Kindern
gelingt die
Flucht, Nixe
verfolgt sie

Kinder ver-
suchen, Nixe
mit dem Kamm
aufzuhalten

Kinder
müssen
bei einer Nixe
hart arbeiten

Kinder ver-
suchen, Nixe
mit der Bürste
aufzuhalten

Kinder
werfen
den Spiegel
hinter sich ...
F

❷ Zeichne ein Bild zum Abschnitt F.

❸ Wie geht das Märchen weiter? Was passiert, wenn die Kinder den Spiegel hinter sich werfen? Schreibe deine Ideen auf.

_____

_____

_____

❹ **Untersuche das Märchen genauer.**
Kreuze die richtige Antwort an.

a. Welche Figur kommt in diesem Märchen vor?
   ○ Wassernixe   ○ Hexe   ○ Zauberer

b. Welcher Unfall passierte am Anfang des Märchens?
   ○ Kinder fielen in einen Brunnen.
   ○ Kinder wurden von einem Wolf gefressen.

c. Bei wem mussten die Kinder arbeiten?
   ○ bei den Eltern   ○ beim König   ○ bei der Wassernixe

d. Was mussten die Kinder arbeiten?
   ○ spinnen und Holz hacken   ○ einkaufen   ○ putzen

e. Warum konnten die Kinder fliehen?
   ○ Die Nixe war in der Kirche.
   ○ Die Wassernixe war einkaufen.

f. Wie versuchten die Kinder die Nixe aufzuhalten?
   ○ Sie warfen eine Bürste und einen Kamm hinter sich.
   ○ Sie riefen die Großmutter.

❺ Verbinde die Fragen mit den richtigen Antworten.

Geraten die Kinder zu Beginn des Märchens in eine Notlage?	Ja, die Nixe ist ein Märchenwesen.
Kommen im Märchen besondere Wesen vor?	Ja, es gibt eine Unterwasserwelt.
Kommen Gegenstände vor, die übernatürliche Kräfte haben?	Ja, sie müssen bei einer Nixe hart arbeiten.
Gibt es einen wundersamen Ort?	Ja, Bürste und Kamm können sich verwandeln.

6 Dies ist das Ende des Märchens. Fülle die Lücken aus.

Axt   Spiegel   Mädchen   Kinder   darüber   Spiegelberg
wiederkam   Hause   Wassernixe

Da warf das _____ den _____

hinter sich. Das gab einen _____, der war

so glatt, dass die Wassernixe unmöglich _____ konnte.

Da dachte die Wassernixe: „Ich will schnell nach _____

gehen und meine _____ holen und den Spiegelberg

kaputthauen."

Bis sie aber _____ und das Glas aufgehauen

hatte, waren die _____ längst weit weg und die

_____ musste wieder in ihren Brunnen zurück.

CHECKLISTE   **Überprüfe das Märchen**

○ Das Märchen hat ein gutes Ende.
○ Die Geschichte wurde in der Vergangenheit erzählt.
○ Die Geschichte wurde in der Er-/Sie-Form erzählt.

*Schülerband
Seiten 147 – 148*

Figuren beschreiben und charakterisieren

Im Schülerband hast du Leo aus der Geschichte „Ich bin immer woanders" kennengelernt. Hier kannst du dich noch einmal genauer mit ihm beschäftigen.

❶ Denke über Leo nach. Schreibe auf, wie du die Textstellen in der Tabelle verstehst.

Diese Sätze kannst du nutzen:

– Leo fühlt sich zu Hause nicht wohl.

– Leo ist in Nora verliebt.

– Leo ist traurig, weil er keine Geschwister hat.

– Leo traut sich nicht, über seine Gefühle zu sprechen.

– Leo wünscht sich jemanden, der ihn versteht.

In der Geschichte steht:	So verstehe ich das:
a) Ich bin Leo und wohne bei meinen Eltern. Aber eigentlich wäre es woanders besser.	
b) Das Problem ist, dass ich keine Geschwister habe.	
c) Ich will einen Zwillingsbruder.	
d) Ich mag sie und ihre Augen machen mich ganz verrückt, sie leuchten wie die Sonne.	
e) Wenn ich jemanden lieb habe, kann ich es nicht zeigen.	

❷ Nutze die Sätze, die du in die Tabelle geschrieben hast, für Aufgabe 2 auf Seite 148 im Schülerband: Schreibe einen kleinen Text über Leo.

Beziehungen zwischen Figuren verstehen

*Schülerband
Seiten 149 – 151*

Beim Lesen von Geschichten und Büchern verstehst du nicht alles sofort. Manchmal hilft es, mit den Figuren zu fühlen.

Christine Nöstlinger

Bille und Tomas

Fünf Jahre lang war Bille die Freundin von Tomas. Und da der
Tomas zehn Jahre alt ist, war das sein halbes Leben lang. Dann
zog der Konrad ins Nachbarhaus der Bille. Der war auch zehn
Jahre alt, und die Bille verliebte sich in ihn auf den ersten Blick!
„Tut mir leid", sagte sie zu Tomas. „Aber unsere Liebe ist jetzt   5
aus!" Der Tomas war sehr traurig. Und die Traurigkeit hörte nicht
auf. Und er nahm sich keine neue Freundin, obwohl er leicht zehn
hätte haben können.
„Wie können wir dir denn bloß helfen?", fragten der Papa und
die Mama.   10
„Wie können wir dir denn bloß helfen?", fragten auch die große
Schwester und der kleine Bruder.
Aber Tomas wusste keine Antwort darauf. Dann, eines Tages,
nach vielen Wochen, rief die Bille an. Und sagte zum Tomas:
„Die Liebe mit dem Konrad ist aus. Willst du wieder mein Freund   15
sein?"
„Ich komme!", rief der Tomas und legte den Hörer wieder auf.
„Mit der Kuh würd ich kein Wort mehr reden!", sagte der kleine
Bruder.
„Bist ja nicht ihr Hanswurst", sagte die große Schwester.   20
„Wo sie dir so viel Kummer gemacht hat", sagte die Mutter.
„Da hätt ich meinen Stolz", sagte der Vater.
Der Tomas zog seine Jacke an und seine Schuhe.

„Dir ist nicht zu helfen!", riefen der Papa, die Mama, die große
25 Schwester und der kleine Bruder.
„Jetzt braucht mir ja auch niemand mehr zu helfen!", rief der
Tomas und lief aus der Wohnung. Und dachte: Die sind vielleicht
komisch! Wollen, dass ich ewig traurig bleibe.

❶ Kreuze den richtigen Satz an und schreibe ihn auf die Linie.
a)   ○ Tomas ist fünf Jahre alt.
        ○ Tomas ist zehn Jahre alt.

_____

b)   ○ Bille verliebte sich in Konrad.
        ○ Bille verliebte sich in Nick.

_____

c)   ○ Tomas war sehr traurig ohne Bille.
        ○ Tomas war sehr froh ohne Bille.

_____

d)   ○ Nach einigen Wochen schrieb Bille einen Brief.
        ○ Nach einigen Wochen rief Bille an.

_____

e)   ○ Tomas will Konrads Freund sein.
        ○ Tomas will sofort wieder Billes Freund sein.

_____

f)   ○ Tomas' Familie versteht Tomas.
        ○ Tomas' Familie versteht Tomas nicht.

_____

❷ Und du? Verstehst du Tomas? Wärst du auch sofort wieder Billes
Freund? Schreibe deine Meinung auf.

_____

_____

❸ Was denkt und fühlt Tomas?

Fülle dazu die rechte Spalte der Tabelle aus.

In der Geschichte steht ...	Gedanken und Gefühle von Tomas
a) Fünf Jahre lang war Bille die Freundin von Tomas. (Zeile 1)	Bille und Tomas kennen sich sehr gut.
b) Und die Traurigkeit hörte nicht auf. (Zeile 6–7)	Tomas ist unglücklich, weil ...
c) Und er nahm sich keine neue Freundin, obwohl er leicht zehn hätte haben können. (Zeile 7–8)	Tomas will keine neue Freundin, weil ...
d) „Ich komme!", rief der Tomas. (Zeile 17)	Tomas muss nicht überlegen, denn ...
e) Der Tomas lief aus der Wohnung. (Zeile 27)	Tomas hört nicht auf die anderen, er ...

❹ Entscheide dich! Kannst du Tomas' Verhalten verstehen?
Schreibe Tomas dazu einen Brief.

Lieber Tomas,

ich habe gehört, dass Bille dich angerufen hat.
Du bist sofort wieder zu ihr gelaufen.
Das kann ich gut verstehen/nicht verstehen, weil

_____

_____

_____

*Schülerband
Seiten 158 – 159*

Einen Text mit dem Bleistift lesen

**Oft suchst du in Texten nach Informationen.
Dann kannst du beim Lesen wichtige Stellen und Wörter
unterstreichen, markieren oder einkreisen.
Du kannst auch am Rand mit dem Bleistift Notizen machen.**

1 a) Lies die folgenden Sätze. Überlege, welche Wörter für dich
in jedem Satz besonders wichtig sind.
Unterstreiche sie mit dem Bleistift.

     a. In einem Wald in der Nähe von Trier
sind mehr als 120 Schuhe gefunden worden.
b. Jetzt ist der Dieb entlarvt.
c. Ein Fuchs hat das Schuhwerk in seinem Bau
versteckt.
d. Offenbar ist er ein Tier mit Sammelleidenschaft.
e. Ein Journalist machte ein Interview mit dem Förster.

b) Arbeite mit einem Partner weiter.
Gibt es Unterschiede? Erklärt euch gegenseitig, warum ihr
eure Wörter ausgesucht habt.

c) Lies die Sätze noch einmal. Gibt es Wörter, die du nicht
verstehst? Kreise sie ein und schreibe an das Zeilenende ein ?.
Schreibe die Wörter, die du nicht verstanden hast. hier auf:

_____

_____

_____

_____

d) Vergleiche wieder mit einem Partner.
Könnt ihr euch gegenseitig weiterhelfen?

2 Um bestimmte Informationen zu finden, kannst du selbst
W-Fragen an den Text stellen. Finde und unterstreiche die
Antwort auf eine W-Frage mit dem Bleistift.

Füchse sind heute auch in großen Parks zu Hause.   **Wo ...?**
Im Fuchsbau lagen vier kleine Welpen.

Eichhörnchen ernähren sich von Nüssen, Eicheln und Samen.   **Was ...?**
In der Nacht suchen Füchse nach Nahrung.

Füchse werden bis zu 12 Jahre alt.   **Wie ...?**
Sie haben einen langen buschigen Schwanz.

Füchse schlafen tagsüber, denn sie jagen in der Nacht.   **Warum ...?**
Viele Füchse wurden getötet, weil sie Tollwut übertragen.

3 a) Lies den kurzen Informationstext über Waschbären.
    – Unterstreiche in jedem Satz, was für dich wichtig ist.
    – Kreise ein, was du nicht verstehst. Schreibe ein ? an
      den Rand.
    – Markiere, was du besonders interessant findest,
      mit einem ! am Rand.

Waschbären stammen eigentlich aus Nordamerika.
Heute gibt es mindestens 250 000 davon in
Deutschland. Du kannst den Waschbär leicht
erkennen: Er trägt eine schwarze Maske.
5 Sein Fell ist graubraun und sein Schwanz
schwarzbraun geringelt. Waschbären sind
sportlich – sie können sehr gut klettern und
schwimmen. Sie sind schlaue Tiere und vor allem fingerfertig:
Ein Waschbär könnte deine Schnürsenkel aufbinden, eine
10 Käfigtür öffnen oder Münzen aus dem Geldbeutel angeln.
Waschbären können überall gut leben, gern auch auf dem
Dachboden eines Hauses. Sie finden immer etwas zu fressen.

*Der Waschbär
sucht im Wasser
etwas zu essen.*

b) Sprich mit einem Partner über deine Markierungen.

*Schülerband
Seiten 162 – 163*

Sachtexte lesen und verstehen

In Sachbüchern stecken viele Informationen. Die Fünf-Schritt-Lesemethode hilft dir, die Informationen zu finden.

Esel Langohr

Typisch Esel: lange Ohren und Mehlmaul

Esel gehören schon lange zu den Haustieren der Menschen. Sie sind auf der ganzen Welt zu finden. Die ersten Esel haben in Nordafrika gelebt, das waren die Wildesel. Esel brauchen nicht viel – sie fressen
5 gern Gras, Heu, Stroh und Hafer. Wasser brauchen sie nicht jeden Tag, aber es muss frisch und sauber sein.

Esel sehen ein bisschen aus wie kleine Pferde – aber mit einem größeren Kopf und langen Ohren. Mit diesen Ohren können Esel sehr gut hören. Das Fell
10 der Esel ist oft grau oder braun. Auf dem Rücken haben Esel meist einen dunklen Streifen – und um das Maul haben sie einen hellen Rand.

„Du dummer Esel" ist ein Schimpfwort für Menschen. Esel sind aber nicht dumm, störrisch und faul. Sie sind klug und gutmütig.
15 Sie haben ihren eigenen Kopf. In einer gefährlichen Situation bleiben sie erst mal stehen und überlegen. Einen gefährlichen Weg wollen sie nicht gehen. Esel sind auch sehr stark. Sie können mehr als 100 Kilogramm schleppen.

Früher mussten die Esel für die Menschen hart arbeiten und
20 schwere Lasten tragen. Heute sind Esel vor allem Tiere für die Freizeit. Menschen reiten auf ihrem Rücken. Man kann sie auch vor einen Wagen spannen und einen Ausflug machen. Esel sind freundliche Streicheltiere. Sie haben gern Kontakt mit Menschen oder anderen Lebewesen.

Schritt 1: Mache dir klar, worum es geht.

1 Lies die Überschrift und schau dir das Bild an.
Schreibe die Sätze richtig auf:

a. etwas über Esel. – Ich erfahre – hier

_____

b. hat – Ohren. – Ein Esel – lange

_____

c. den Kopf – zeigt – Das Bild – eines Esels.

_____

d. einen hellen Rand. – hat der Esel – Um das Maul

_____

Schritt 2: Überlege, worum es im Text geht.

2 Lies jetzt den Text. Kreuze den richtigen Satz an.
Der Text ...
☐ erzählt ein spannendes Abenteuer mit einem Esel.
☐ berichtet über ein besonderes Ereignis mit einem Esel.
☐ informiert darüber, wie Esel aussehen und wie sie leben.

Schritt 3: Finde heraus, wie der Text aufgebaut ist

3 a) Erkläre die fett gedruckten Überschriften. Verbinde:

Heimat der Esel   wie Esel aussehen
Aussehen der Esel   wo Esel leben
Eigenschaften der Esel   was Esel für Menschen machen
Esel und Menschen   wie Esel sind

b) Schreibe die Überschriften über die passenden Abschnitte

Schritt 4: Suche wichtige Informationen im Text.

4 Wie werden Esel im Text beschrieben?
Finde die Adjektive im Text „Esel Langohr" und markiere sie:
klug   stark   freundlich   gutmütig

5 Steht das im Text? Kreuze „Ja" oder „Nein" an.
Schreibe dann auf, wie der Satz im Text genau heißt.

a. Esel gibt es auf der ganzen Welt.   ○ Ja   ○ Nein

_____

b. Esel sind dumm, störrisch und faul.   ○ Ja   ○ Nein

_____

c. Esel sind gern mit Menschen zusammen.   ○ Ja   ○ Nein

_____

6 Beantworte die W-Fragen.
  – Markiere zuerst die Antworten im Text.
    Dabei kannst du mit verschiedenen Farben arbeiten.
  – Schreibe anschließend die Antworten auf.

a. Was fressen Esel? Schreibe einen Satz.

Esel fressen _____

b. Was machen Esel heute bei uns? Schreibe zwei Sätze.

Heute _____

_____

wortstark 5
Förderheft

Name: _____

Lösungsteil

Seite 6 – 7: Briefe planen, entwerfen und schreiben

❶ In dieser Reihenfolge müssen die Teile des Briefes aufgeschrieben werden:

Dortmund, 15.10.20..

Hallo Verena,

du wolltest ja wissen, was ich bei der Greifvogelvorführung mit unserer Klasse erlebt habe ...

Tschüss

Kim

❷ Sieh dir die Markierungen im Brief bei Aufgabe 1 an:
a) Wer hat diesen Brief geschrieben?
b) An wen wurde der Brief geschrieben?
c) Worüber will die Verfasserin in dem Brief etwas schreiben?

❸ Das sind die Anredepronomen in dem Brief: dich, dir, du, dich.

❹ Fortsetzung des Brieftextes mit den passenden Anredepronomen:

Auf dem Foto kannst du seinen spitzen Schnabel erkennen. Du kannst dir vorstellen, dass ich zuerst etwas Angst hatte. Aber ich kann dich beruhigen, er war ganz brav. So eine Greifvogelschau muss ich unbedingt auch mal mit dir besuchen.

Seite 8 – 11: Eine Geschichte planen und schreiben

❶ b) E: Der Hausmeister fragt, wer die Scheibe eingeschlagen hat.

❷ Der Cluster passt zu Situation C.

❸ a) Ergänze die Lücken mit den Wörtern:

1. Schule, Pause,
2. Leonie, Felix und Murat
3. hören im Busch ein Wimmern
4. finden zwei junge Katzen
5. überlegen, wie helfen
6. mit nach Hause nehmen
7. bis zur nächsten Pause warten

b) Lösungsbeispiel:

Die Geschichte spielt auf dem Schulhof.
Die Geschichte spielt in der Pause.
Leonie, Felix und Murat spielen in der Geschichte mit.

❹ Die Satzteile in der richtigen Reihenfolge:
Leonie, Felix und Murat sind in der Pause auf dem Schulhof.
Murat hört auf einmal ein Wimmern.
Sie entdecken im Busch zwei junge Katzen.
Wie können die Freunde helfen?
Felix schlägt vor: „Ich nehme die Kätzchen mit nach Hause!"
Leonie meint: „Vielleicht kommt die Mama wieder."
Murat meint: „Ok, wie warten bis zur nächsten Pause."

⑤ Text mit durchgestrichenen Wörtern, die nicht passen:

Die zwei ~~Minuten~~/Stunden/~~Tage~~ dauern sehr lange.
Endlich ~~hupt~~/klingelt/~~ruft~~ es. Pause!
Aufgeregt laufen die Freunde/~~Lehrer~~/~~Schüler der 5. Klasse~~ wieder zum ~~Kiosk~~/~~Lehrerzimmer~~/Busch.
Nichts ist zu hören/~~fühlen~~/~~riechen~~.
Sie sehen nach. Alles leer!
Keine jungen ~~Hunde~~/~~Igel~~/Kätzchen sind mehr da.

⑦ a) Zugeordnete Überschriften:
  – Diese Überschrift ist zu knapp:
    Die Katzen
  – Diese Überschrift ist langweilig:
    Die Katze holt ihre Jungen ab
  – Diese Überschrift macht neugierig:
    Zwei hilflose Kätzchen
  b) Die beste Überschrift ist:
    Zwei hilflose Kätzchen

⑧ Lösungsbeispiel:

Zwei hilflose Kätzchen

Leonie, Felix und Murat sind in der Pause auf dem Schulhof. Murat hört auf einmal ein Wimmern. Sie entdecken im Busch zwei junge Katzen. Wie können die Freunde helfen?
Felix schlägt vor: „Ich nehme die Kätzchen mit nach Hause."
Leonie meint: „Vielleicht kommt die Mama wieder."
Murat meint: „Ok, wir warten bis zur nächsten Pause."
Die zwei Stunden dauern sehr lange.
Endlich klingelt es. Pause!
Aufgeregt laufen die Freunde wieder zum Busch. Nichts ist zu hören. Sie sehen nach. Alles leer! Keine jungen Kätzchen mehr da.
Leonie ist froh: „Prima, die Mama hat sie geholt. Jetzt geht es den kleinen Katzen wieder gut."

Seite 12 – 13: Über Tiere informieren

① In dieser Reihenfolge könnten die Text-bausteine geordnet werden:

(Größe und Gewicht)
Mit rund 150 Zentimetern sind sie etwas kleiner als ihre nahen Verwandten, die Pferde. Sie können ein Gewicht von bis zu 400 Kilogramm erreichen.

(Alter)
Zebras können bis zu 25 Jahre alt werden.

(Aussehen)
Das auffälligste Merkmal der Zebras ist ihr schwarz-weiß gestreiftes Fell. Durch die Streifen kann man einzelne Tiere in einer Herde schlecht unterscheiden. Das schützt sie gegen den Angriff von Raubtieren.

(Lebensraum)
Zebras leben in Afrika. Dort findet man sie vorwiegend in Steppen im Süden und Osten Afrikas.

(Ernährung)
Zebras zählen zu den Pflanzenfressern und ernähren sich hauptsächlich von Gräsern.

② a) **Aras** können bis zu 85 Zentimeter groß werden. Auffällig ist ihr buntes Feder-kleid. Brust und Bauch sind gelb gefärbt. Der Hinterkopf ist grün und hellblau. Der Rücken, der Schwanz sowie die Flügel sind hellblau. Sein Gesicht ist weiß und hat ein auffälliges Streifenmuster. Typisch sind auch der schwarze Schnabel und die grauen Krallen.

③ Der **Feuersalamander** hat einen breiten Kopf, einen länglichen Körper und einen kurzen Schwanz. Seine Haut glänzt schwarz. Sein Körper ist von einem auffälli-gen Muster aus gelben Flecken überzogen.

3

Seite 14 – 15: Über Tiere unterschiedlich informieren

① Beschreibungen des Stinktiers
(von dir gelb markiert):

– kurze Beine
– langer, buschiger Schwanz
– Greifvögel sind die größten Feinde
– fressen neben Insekten und Mäusen
  auch Pflanzen
– schwarzweiß gemustertes,
  langhaariges Fell
– bis zu 40 Zentimeter groß
– wiegen bis zu 6 Kilogramm
– leben in Steppen, Halbwüsten
  oder im Buschland
– schmaler, weißer Streifen
  von der Stirn bis zur Nase
– spitze Schnauze

Beschreibungen des Huskys
(von dir blau markiert):

– wiegen bis zu 28 Kilogramm
– stammen aus kalten Regionen
  wie Sibirien, Alaska und Grönland
– Wölfe und Bären zählen zu ihren Feinden
– bis zu 60 Zentimeter groß
– spitze Schnauze

② Informationen über das Stinktier

Größe: bis zu 40 Zentimeter
Gewicht: bis zu 6 Kilogramm
Aussehen: schmaler, weißer Streifen
von der Stirn bis zur Nase; schwarzweiß
gemustertes, langhaariges Fell;
langer, buschiger Schwanz; kurze Beine;
spitze Schnauze
Ernährung: fressen neben Insekten und
Mäusen auch Pflanzen
Lebensraum: leben in Steppen, Halbwüsten oder im Buschland
Feinde: Greifvögel

③ Huskys

Huskys erreichen eine Größe von bis zu 60 Zentimetern und wiegen rund 28 Kilogramm. Auffällig ist ihr schwarzweißes Fell mit typischer weißer Gesichtsmaske. Huskys stammen aus kalten Regionen der Nordhalbkugel wie Sibirien, Alaska und Grönland.
Huskys sind Fleischfresser.
Zu ihren natürlichen Feinden zählen Wölfe und Bären.

Seite 16: Bausteine einer Anleitung erkennen

①

Bausteine einer Anleitung	W-Fragen (Aufgabe 1)
1. Überschrift mit Thema	Worum geht es?
2. Materialien und Hilfsmittel	Was musst du besorgen?
3. Beschreibung einzelner Schritte	Was musst du nacheinander tun?
4. Weitere Tipps	Was kannst du auch anders machen?

② a) Markierungen der Bausteine im Beispieltext:
– blau: So kannst du dein wöchentliches Taschengeld gut einteilen
– grün: Besorge dir am besten zwei Dosen mit Deckel und zwei Klebe-Etiketten.
– rot: Schreibe auf das erste Etikett: für tägliche Ausgaben, auf das zweite Etikett: für größere Ausgaben. Klebe nun auf jede Dose ein Etikett. Jedes Mal, wenn du dein Taschengeld bekommst, überlege dir, wie du es aufteilen willst. In die erste Dose kommt das Geld, was du in der Woche ausgeben willst.

– In der zweiten Schachtel kannst du Geld zurücklegen für eine größere Anschaffung, für einen besonderen Wunsch, den du dir später erfüllen willst.
– <u>orange</u>: Tipp: Statt der Dosen kannst du auch Gläser mit einem Schraubverschluss nehmen.

Seite 17: In der richtigen Reihenfolge beschreiben

1 a) Der Junge versucht gerade, den Nagel in die Flasche zu bekommen.

Die Abbildung passt zum Stichpunkt:
Spieler muss in die Hocke gehen und den Nagel möglichst schnell in die Flasche bekommen – ohne Hände

b) Nummerierung der Stichpunkte:

(9) Tipp: Je kürzer die Schnur umso schwieriger.
(6) <u>Dann</u> das Startkommando geben und die Zeit abstoppen.
(3) <u>Zuerst</u> den Nagel an die Schnur binden.
(7) Spieler muss in die Hocke gehen und den Nagel möglichst schnell in die Flasche bekommen – ohne Hände
(4) <u>Danach</u> die Schnur hinten an der Hose des Spielers befestigen, der Nagel hängt in Kniehöhe
(8) der schnellste Spieler hat gewonnen
(2) Material: leere Flasche, Schnur, Nagel, Stoppuhr
(5) <u>Anschließend</u> die Flasche hinter den Spieler stellen
(1) Flaschenzielen

2 Die Markierung der Satzanfänge findest du in der Lösung zu Aufgabe 1b.

Seite 18 – 19: Eine Anleitung ergänzen

1 a) Lösungsbeispiel:
Drei Kinder hocken nebeneinander hinter einer Linie und wickeln auf einem Hölzchen einen Faden auf.
Am Ende des Fadens ist jeweils ein Modellauto angebunden. Die Autos sind unterschiedlich weit entfernt.

b) Lösungsbeispiel:
Das Spiel sollte mit einem Startkommando beginnen. Es endet, wenn das erste Auto am Ziel angekommen ist. Es müssen mindestens zwei Mitspieler sein.

2 Manche Stichpunkte sind doppelt, nur unterschiedlich formuliert.

3 a) Das könnte man streichen:

Blauer Zettel:
– Modellautos besorgen
– Schnur an einem kurzen Stab und am Auto befestigen
– Autos mit abgewickelter Schnur nebeneinander an der Startlinie aufstellen
– Stäbchen mit beiden Händen festhalten
– das Auto möglichst als Erster über die Ziellinie bringen

Grüner Zettel:
– eine Spielfläche mit Start- und Ziellinie vorbereiten
– eine etwa 2 m lange Schnur an jedem Auto befestigen
– Startkommando abwarten
– Stäbchen mit beiden Händen drehen und Schnur aufwickeln
– hinter der Ziellinie hinsetzen

c) Arbeitsschritte in sinnvoller Reihenfolge:
(1) Modellautos besorgen
(2) Holzstäbchen (Bleistift) und etwa 2 m lange Schnur besorgen
(3) Schnur an einem kurzen Stab und am Auto befestigen

(4) eine Spielfläche mit Start- und Ziellinie
vorbereiten
(5) alle Mitspieler nebeneinander im
gleichen Abstand hinter der Ziellinie
(6) Autos mit abgewickelter Schnur
nebeneinander an der Startlinie
aufstellen
(7) hinter der Ziellinie hinsetzen
(8) Startkommando abwarten
(9) Stäbchen mit beiden Händen drehen
und Schnur aufwickeln
(10) Sieger ist, wer sein Auto als Erster
an der Ziellinie hat

④ a) ergänzte Spielanleitung:

Stellt anschließend eure Autos mit
<u>abgewickelter Schnur nebeneinander</u>
<u>an der Startlinie auf.</u>
Setzt euch <u>hinter der Ziellinie hin.</u>
Nach dem Startkommando dreht ihr euer
Stäbchen mit beiden Händen und <u>wickelt</u>
<u>die Schnur auf.</u>
Wer sein Auto als Erster über die Ziellinie
bringt, hat <u>gewonnen.</u>
b) Ein interessanter Name für das Spiel
könnte zum Beispiel sein:
Autorennen, Autowickeln,
Schnurrennen, Drehkönig,
Wer dreht, gewinnt ...

Seite 20: Wünsche schriftlich formulieren

① a) Josi schreibt an Hendrik.
Sie möchte ihr Englischbuch wieder haben.
Sie braucht es, weil sie für die Arbeit üben
muss.

b) (4) Viele Grüße
(2) bring mir bitte mein Englischbuch
morgen mit zur Schule.
(1) Hi Hendrik,
(3) Es ist wichtig. Ich muss für die Arbeit
üben.
(5) Josi

c) Hi Hendrik,
bring mir bitte mein Englischbuch morgen
mit zur Schule. Es ist sehr wichtig.
Ich muss für die Arbeit lernen.
Viele Grüße
Josi

Seite 21: Einen Aushang vorbereiten

① Eule: Wann? Samstag 11 Uhr
Fuchs: Glasreste weg, sonst verletzen
wir uns!
Vogel: Wir brauchen mehr Nistkästen!
Fisch: Das Wasser muss sauber sein!

Seite 22–23: Eine Einladung schreiben

① a) richtig retten lernen
b) Frau Willing
c) Schüler der 5. Klassen

② a)

Informationen	Gründe für die Teil-nahme
– Rettungs-schwimmer-AG	– auch wegfahren
– Leitung: Frau Willing	– tauchen lernen
– für Schüler der 5. Klassen	– cool, Leute zu retten
– immer montags	

b) Ergänzte Einladung:

Hi Erik,
du musst unbedingt mit zur <u>Rettungs-</u>
<u>schwimmer-AG</u> kommen. Sie ist immer
<u>montags.</u> Du kannst doch toll schwimmen.
Dort lernen wir auch zu <u>tauchen.</u> Es wäre
doch cool, richtig Leute zu <u>retten.</u>
Viele Grüße
(Dein Name)

Seite 24 – 27: Ein Märchen erschließen und weiterschreiben

1 a) Zu diesen Abschnitten passen die Klebezettel:
– Kinder fallen in einen Brunnen: Abschnitt A
– Kindern gelingt die Flucht: Abschnitt C
– Kinder versuchen, Nixe mit der Bürste aufzuhalten: Abschnitt D
– Kinder müssen bei einer Nixe hart arbeiten: Abschnitt B
– Nixe überwindet den Kammberg: Abschnitt E
– Kinder werfen den Spiegel hinter sich ...: Abschnitt F

4 Untersuche das Märchen genauer:
a. Wassernixe
b. Kinder fielen in einen Brunnen.
c. bei der Wassernixe
d. spinnen und Holz hacken
e. Die Nixe war in der Kirche.
f. Sie warfen eine Bürste und einen Kamm hinter sich.

5 Fragen und passende Antworten:

Geraten die Kinder zu Beginn des Märchens in eine Notlage? – Ja, denn sie müssen bei einer Nixe hart arbeiten.

Kommen im Märchen besondere Wesen vor? – Ja, die Nixe ist ein Märchenwesen.

Kommen Gegenstände vor, die übernatürliche Kräfte haben? – Ja, Bürste und Kamm können sich verwandeln.

Gibt es einen wundersamen Ort? – Ja, es gibt eine Unterwasserwelt.

6 Lückentext:

Da warf das Mädchen den Spiegel hinter sich. Das gab einen Spiegelberg, der war so glatt, dass die Wassernixe unmöglich darüber konnte. Da dachte die Wassernixe: „Ich will schnell nach Hause gehen und meine Axt holen und den Spiegelberg kaputthauen." Bis sie aber wiederkam und das Glas aufgehauen hatte, waren die Kinder längst weit weg und die Wassernixe musste wieder in ihren Brunnen zurück.

Seite 28: Figuren beschreiben und charakterisieren

1 So kann man die Textstellen verstehen:
a) Leo fühlt sich zu Hause nicht wohl.
b) Leo ist traurig, weil er keine Geschwister hat.
c) Leo wünscht sich jemanden, der ihn versteht.
d) Leo ist in Nora verliebt.
e) Leo traut sich nicht, über seine Gefühle zu sprechen.

Seite 29 – 31: Beziehungen zwischen Figuren verstehen

1 a) Tomas ist zehn Jahre alt.
b) Bille verliebt sich in Konrad.
c) Tomas war sehr traurig ohne Bille.
d) Nach einigen Wochen rief Bille an.
e) Tomas will sofort wieder Billes Freund sein.
f) Tomas' Familie versteht Tomas nicht.

3 Lösungsbeispiel – Gedanken und Gefühle von Tomas:

a) Bille und Tomas kennen sich sehr gut.
b) Tomas ist unglücklich, weil er so gern mit Bille zusammen ist. Ohne Bille kann Tomas nicht glücklich sein.
c) Tomas will keine neue Freundin, weil er nur Bille als Freundin haben will. Für Bille gibt es keinen Ersatz.
d) Tomas muss nicht lange überlegen, denn er ist froh, dass Bille wieder seine Freundin ist.
e) Tomas hört nicht auf die anderen, er weiß genau, was er will.

④ Lösungsbeispiel:

Lieber Tomas,
ich habe gehört, dass Bille dich angerufen hat. Du bist sofort wieder zu ihr gelaufen. Das kann ich nicht verstehen! Bist du denn gar nicht verletzt? Ich würde sie wenigstens ein bisschen zappeln lassen! Weiß Bille denn überhaupt, was in dir vorgeht? Also, das würde ich ihr aber mal erklären – sie scheint ja nur an sich zu denken …

Seite 32 – 33: Einen Text mit dem Bleistift lesen

② Die Antworten auf die W-Fragen sind unterstrichen:

Wo sind Füchse heute auch zu Hause?
Füchse sind heute auch in großen Parks zu Hause.

Wo lagen vier kleine Welpen?
Im Fuchsbau lagen vier kleine Welpen.

Was essen Eichhörnchen?
Eichhörnchen essen Nüsse, Eicheln und Samen.

Was suchen Füchse in der Nacht?
In der Nacht suchen Füchse Nahrung.

Wie alt werden Füchse?
Füchse werden bis zu 12 Jahre alt.

Wie ist der Schwanz der Füchse?
Sie haben einen langen buschigen Schwanz.

Warum schlafen Füchse tagsüber?
Füchse schlafen tagsüber, denn sie jagen in der Nacht.

Warum werden viele Füchse getötet?
Viele Füchse wurden getötet, weil sie Tollwut übertragen.

Seite 34–37: Sachtexte lesen und verstehen

① a) Ich erfahre hier etwas über Esel.
b) Ein Esel hat lange Ohren.
c) Das Bild zeigt den Kopf eines Esels.
d) Um das Maul hat der Esel einen hellen Rand.

② Der Text informiert darüber, wie Esel aussehen und wie sie leben.

③ Heimat der Esel: wo Esel leben (Abschnitt 1)
Aussehen der Esel: wie Esel aussehen (Abschnitt 2)
Eigenschaften der Esel: wie Esel sind (Abschnitt 3)
Esel und Menschen: was Esel für Menschen alles machen (Abschnitt 4)

④ klug: Abschnitt 3: Sie sind klug und gutmütig.
stark: Abschnitt 3: Esel sind auch stark.
freundlich: Abschnitt 4: Esel sind freundliche Streicheltiere.
gutmütig: Abschnitt 3: Sie sind klug und gutmütig.

⑤ a) Ja: Sie sind auf der ganzen Welt zu finden.
b) Nein: Esel sind nicht dumm, störrisch und faul.
c) Ja: Sie haben gern Kontakt mit Menschen oder anderen Lebewesen.

⑥ Lösungsbeispiele:
a) Esel fressen Gras, Heu, Stroh und Hafer.
b) Heute sind Esel vor allem Tiere für die Freizeit. Menschen reiten auf ihrem Rücken und man kann sie auch vor einen Wagen spannen und einen Ausflug machen.

⑦ Esel haben einen größeren Kopf als Pferde und lange Ohren.
Das Fell der Esel ist oft grau oder braun.
Um das Maul haben sie einen hellen Rand.

Seite 38 – 39: Nomen erkennen und richtig schreiben

❶

der/ein	die/eine	das/ein
Dieb	Bäckerei	Brot
Polizist	Laterne	Fahrrad
Tag	Straße	Haus

❷ die Bäckereien, die Brote, die Diebe, die Fahrräder, die Häuser, die Laternen, die Polizisten, die Straßen, die Tage

❸ a) Mein <u>F</u>reund Nico bekam zu seinem <u>G</u>eburtstag ein <u>F</u>ahrrad. Er fuhr mit dem neuen <u>R</u>ad in die <u>B</u>äckerei, um ein <u>B</u>rot zu kaufen.
b) mein Freund Nico, seinem Geburtstag, ein Fahrrad, neuen Rad, die Bäckerei, ein Brot.

❹ a) Das <u>Fahrrad</u> lehnte er an eine <u>Straßenlaterne</u> und ging in die <u>Bäckerei</u>. Als er wenig später herauskam, war sein <u>Fahrrad</u> verschwunden!
Nico rief sofort seine <u>Mutter</u> an.
Später sprachen sie mit einem <u>Polizisten</u>.
Hoffentlich finden sie den <u>Dieb</u>!

b) das Fahrrad – die Fahrräder
die Straßenlaterne – die Straßenlaternen
die Bäckerei – die Bäckereien
das Fahrrad – die Fahrräder
die Mutter – die Mütter
der Polizist – die Polizisten
der Dieb – die Diebe

c) Mein Freund Nico bekam zu seinem Geburtstag ein Fahrrad. Er fuhr mit dem neuen Rad in die Bäckerei, um ein Brot zu kaufen. Das Fahrrad lehnte er an eine Straßenlaterne und ging in die Bäckerei. Als er wenig später herauskam, war sein Fahrrad verschwunden! Nico rief sofort seine Mutter an. Später sprachen sie mit einem Polizisten. Hoffentlich finden sie den Dieb!

Seite 40: Verben in die Personalform setzen

❶

Personalform im Text	Grundform
Was mach**t** ein Kinder-reporter?	machen
Er such**t** interessante Themen.	suchen
Er überleg**t** sich Fragen.	überlegen
Er stell**t** die Interviewfragen.	stellen
Er steh**t** hinter der Kamera.	stehen

❷ Wortbausteine am Ende der Verben sind grau markiert:

machen		suchen	
ich mache	wir machen	ich suche	wir suchen
du machst	ihr macht	du suchst	ihr sucht
sie macht	sie machen	er sucht	sie suchen

Seite 41: Präsens und Präteritum erkennen

❶ a), b)

Früher
Die Kinder <u>lernten</u> Lesen, Schreiben, Rechnen und Religion.
Die Kinder <u>schrieben</u> mit Kreide auf kleine Tafeln.
In einem Klassenzimmer <u>waren</u> manchmal bis zu 100 Kinder.

Heute
Wir <u>sind</u> 28 Kinder in der Klasse.
Wir <u>lernen</u> in viele Fächern und AGs.
Wir <u>schreiben</u> mit Stiften ins Heft oder tippen auf dem PC.

c)

Präsens	sind	schreiben	lernen
Präteritum	waren	schrieben	lernten

Seite 42: Das Präteritum bilden und gebrauchen

❶ Es war …
Die Menschen schliefen …
Der Hund bellte …
Er sprang …
Artur R. schimpfte …
Boss hörte nicht auf …

❷ Artur R. <u>schaute</u> in den Flur und <u>sah</u>, dass es <u>brannte</u>.
Er <u>weckte</u> seine Frau und die Nachbarn.
Alle Bewohner <u>flüchteten</u>.
Boss <u>rettete</u> sieben Familien das Leben.
Zur Belohnung <u>bekam</u> er ein Würstchen.

Seite 43: Das Perfekt bilden und gebrauchen

❶ Nachts um drei Uhr <u>hat</u> mich Boss <u>aufgeweckt</u>.
Er <u>ist</u> aufs Bett <u>gesprungen</u>.
Dann <u>hat</u> er laut <u>gebellt</u>.
Ich <u>habe</u> mit ihm <u>geschimpft</u>.
Aber Boss <u>hat</u> nicht <u>aufgehört</u>.
Ich <u>habe</u> in den Flur <u>geschaut</u> und <u>habe</u> das Feuer <u>gesehen</u>.
Sofort <u>habe</u> ich meine Frau und die Nachbarn <u>geweckt</u>.
Boss <u>hat</u> viele Menschen <u>gerettet</u>.

❷

Grundform	Präteritum	Perfekt
lachen	ich lachte	ihr habt gelacht
erzählen	er erzählte	sie hat erzählt
hören	ich hörte	sie haben gehört

Seite 44 – 45: Adjektive erkennen und gebrauchen

❶ Die richtigen Lösungen sind grau markiert:
a. Der Goldhamster ist dick/klein.
b. Sein Fell ist goldbraun/rotbraun
c. Der Bauch ist hellbraun/weiß.
d. Die Augen des Hamsters sind blau/dunkel.
e. Seine Ohren sind spitz/rund.
f. Der Goldhamster ist etwa 11 cm dünn/lang.
g. Hamster sind nachtaktiv/tagaktiv.

❷ Der Goldhamster ist <u>klein</u>. Sein Fell ist <u>goldbraun</u> und der Bauch ist <u>weiß</u>.
Die Knopfaugen sind <u>dunkel</u> und seine Ohren <u>rund</u>. Die Tiere sind <u>nachtaktiv</u>.

❸ Das **Meerschweinchen** stammt aus Südamerika. Das <u>kleine</u> Nagetier wurde von den Indianern als Haustier gehalten. Das Meerschweinchen hat einen <u>großen</u> Kopf mit <u>kurzen</u> Ohren. Es hat ein <u>langhaariges</u> oder <u>glattes</u> Fell und keinen Schwanz. Meerschweinchen haben <u>kurze</u> Beine. Den <u>lustigen</u> Namen erhielten sie, weil sie von den Schiffen über das Meer nach Europa gebracht wurden und weil sie ein bisschen wie <u>kleine</u> Schweinchen aussehen.

❹ Lösungsbeispiel:

Mein <u>neues</u> Fantasietier
Es hat einen <u>winzigen</u> Kopf mit <u>riesigen</u> Ohren. Es hat ein <u>grünes</u> Fell, einen <u>gelben</u> Schwanz und <u>rote</u> Augen. Seine Beine sind <u>dünn</u> und <u>schwarz</u>. Am liebsten frisst es <u>süße</u> Kekse oder <u>junge</u> Mäuse.

Seite 46 – 47: Adjektive steigern

❶ a) Der Igel ist <u>klein</u>.
Die Schnecke ist <u>kleiner</u>.
Die Ameise ist <u>am kleinsten</u>.

b)

Grundstufe	1. Vergleichs-stufe	2. Vergleichs-stufe
schnell	schneller	am schnellsten
lang	länger	am längsten
kurz	kürzer	am kürzesten
groß	größer	am größten
faul	fauler	am faulsten
jung	jünger	am jüngsten
alt	älter	am ältesten

❷ a. Die Giraffe ist das größte Säugetier an Land. Die Männchen werden bis zu 6 Meter groß.
b. Der Gepard ist das schnellste Landsäugetier. Bis zu 120 Stundenkilometer schnell saust er über die Steppe.
c. Das Faultier ist tatsächlich das faulste Tier der Welt: Es pennt 20 Stunden am Tag!
d. Der Siebenschläfer hält den längsten Winterschlaf: 7 Monate im Jahr.
e. Sie hat die kürzeste Lebensdauer. Die Eintagsfliege lebt nur kurz, oft nur 5 Stunden!

❸ a. Marius ist älter als Leni, Anna und Nils.
b. Anna ist genauso alt wie Leni.
c. Leni ist älter als Nils.
d. Marius ist am ältesten.

Seite 48 – 49: Satzglieder erkennen

❶ Die Kinder besuchen morgen das neue Museum.

❷ Morgen besuchen die Kinder das neue Museum.
Das neue Museum besuchen die Kinder morgen.

❸ 1. Satzglied: die Kinder
2. Satzglied: besuchen
3. Satzglied: morgen
4. Satzglied: das neue Museum

❹ a. (Die Kinder) (bekommen) (im Museum) (viele Informationen).
b. (In der Ausstellung) (sehen) (sie) (ein Skelett).
c. (Die Bilder) (zeigt) (die Lehrerin) (den Kindern).
d. (Zeichnungen) (machen) (die Kinder).
e. (Alle Besucher) (beeindruckt) (der Urvogel).
f. (Nach Hause) (fahren) (die Kinder) (nach dem Besuch).

Seite 50 – 51: Umstellproben machen

❶ Unbekannte entführen fünf Affen aus dem Zoo

❷ Die Reihenfolge der Satzglieder ist nicht sinnvoll. So ist es besser:
a. Drei Schafe verursachen einen Stau auf der Autobahn
b. Die Feuerwehr rettet eine Kuh aus einem See
c. Zoowärter fangen zwei entlaufene Giraffen ein

❸ Nach Diebesgut sucht die Polizei in der norwegischen Stadt Bergen. Aus dem Zoo haben Unbekannte am Samstag ein Krokodil gestohlen.
Durch den Stress könnte das Tier sterben. Das kleine Krokodil konnte aus dem Zoo gestohlen werden, weil es so zahm ist. Für Menschen ist das Krokodil ungefährlich. Der Zoo möchte das Krokodil wiederhaben. Der Zoodirektor hat 3000 € für Hinweise versprochen.

Seite 52 – 55: Subjekt und Prädikat bestimmen

❶ a. Der Burgherr war der Chef der Burg.
b. Die Burgherrin kümmerte sich um den Haushalt.
c. Der Schmied stellte Waffen her.

d. <u>Der Stallmeister</u> versorgte die Tiere.
e. <u>Die Mägde und die Knechte</u> dienten dem Burgherrn und arbeiteten in den Ställen.
f. <u>Die Ritter</u> kämpften in einer Ritterrüstung.

② a. der Burgherr
b. die Burgherrin
c. der Schmied
d. der Stallmeister
e. die Ritter

③ a. Sie putzten die Höfe.
b. Er überwachte die Pferdeställe.
c. Sie sangen Lieder.
d. Er brachte die Getränke.
e. Er versorgte die Tiere.
f. Sie kämpften in einer Ritterrüstung.

④ a. Subjekt: Ritter;
Prädikat: (Sie) bauten
b. Subjekt: Die Burgbewohner;
Prädikat: (Sie) wohnten
c. Subjekt: Die Bewohner;
Prädikat: (sie) holten

⑤ Die Subjekte sind unterstrichen und die Prädikate grau markiert:
a. <u>Ritter</u> bauten die ersten Burgen vor etwa 1000 Jahren.
b. <u>Die Burgbewohner</u> wohnten in der Burg.
c. <u>Die Bewohner</u> holten Trinkwasser aus dem Brunnen.

Seite 56 – 57: Punkte am Satzende setzen

① b) In dem Text fehlen die ~~Gedanken~~/ Punkte am Satzende. Deshalb ist er schwer zu lesen.
Wenn ein neuer Gedanke/~~Punkt~~ beginnt, muss man vorher einen Punkt setzen.

② Paul Maar hat Kinderbücher geschrieben. Am bekanntesten sind die Geschichten vom Sams. Die Hauptfiguren sind das Sams und Herr Taschenbier. Herr Taschen-

bier ist schüchtern. Das Sams ist frech und mutig. Auf dem Foto siehst du Paul Maar. Kinder mögen die Geschichten vom Sams.

③ a) **Herr Taschenbier und das Sams**

Das Sams ist ein lustiges Wesen mit roten Haaren, einer Rüsselnase und blauen Punkten im Gesicht. An einem Samstag trifft es Herrn Taschenbier. Das Sams erklärt ihn kurzerhand zu seinem Papa. Herr Taschenbier hat eine seltsame Woche hinter sich. Am Sonntag schien die Sonne. Am Montag kam sein Freund Mon zu Besuch. Am Dienstag hatte er Dienst. Am Mittwoch war wie immer Mitte der Woche. Am Donnerstag donnerte es. Am Freitag hatte Herr Taschenbier frei. Er ahnte, dass am Samstag etwas Besonderes passieren würde. Am Samstag trifft dann Herr Taschenbier das Sams. Von diesem Tag an veränderte sich das Leben von Herrn Taschenbier.

Seite 58: Satzschlusszeichen verwenden

① Am Ende einer Aussage steht ein <u>Punkt</u>. Eine Frage erkennst du an einem <u>Fragezeichen</u>.
Bei Aufforderungen steht ein <u>Ausrufezeichen</u>.

② b) Wann sollen wir die Rallye denn machen? (Frage)
Es müssen aber alle mitmachen. (Aussage)
Wie finden wir denn interessante Fragen? (Frage)
Redet nicht alle gleichzeitig! (Aufforderung)
Hast du einen Lieblingsort? (Frage)
Das ist doch kein Problem. (Aussage)

③ b) Hast du schon einmal bei einer Rallye mitgemacht? In der Stadtrallye lernst du interessante Orte kennen.
An den Stationen gibt es kleine Rätsel.
Manchmal musst du etwas suchen.

12

Es gibt einen festgelegten Rallyeweg.
Halte dich bitte an diesen Weg!
Es ist egal, an welcher Station die Stadt-
rally beginnt. Mache aber alle Aufgaben!
Wer wird Rallye-Meister?

Seite 59: Wörtliche Rede erkennen und kennzeichnen

① a) Was der Polizist und Fritzchen sagen
ist unterstrichen.
b) Die Anführungszeichen und die Satzschlusszeichen sind grau markiert.

Fritzchen fährt mit seinem Fahrrad,
es ist fast dunkel.
Ein Polizist hält ihn an und fragt:
„Wie heißt du?"
„Fritz Schlickermeyer", antwortet Fritzchen
cool.
Der Polizist fragt weiter: „Und dein Alter?"
Fritz wie aus der Pistole geschossen:
„Auch Schlickermeyer!"

② b), c)
Toni erzählt Laura stolz: „Stell dir vor, ich
habe ein 50-Teile-Puzzle in zwei Monaten
fertig gepuzzelt!"
Laura antwortet: „Und, das findest du gut?"
Toni: „Na klar! Auf der Packung stand 3 bis
4 Jahre!"

Seite 60–61: Silben in Wörtern untersuchen

① mes|sen, le|ben, die Fei|er, das Zim|mer,
lo|ben, die Waf|fe, die Wen|de, die Keu|le,
die Kin|der, die Lei|ter

② Vokalbuchstaben: a, e, i/ie, o, u
Besondere Vokalbuchstaben für Umlaute:
ä, ö, ü
Besondere Vokalbuchstaben für Zwielaute:
ai, au, eu, äu, ei

③ a) messen, leben, die Feier,
das Zimmer, loben, die Waffe, die Wende,
die Keule, die Kinder, die Leiter
b) In der zweiten Silbe kommt immer der
Vokalbuchstabe e vor.

④ a) essen, eben, die Eier, immer, oben,
der Affe, das Ende, die Eule, der Inder,
der Eiter

b) es|sen, e|ben, die Ei|er, im|mer, o|ben,
der Af|fe, das En|de, die Eu|le, der In|der,
der Ei|ter

c) Lösungsbeispiele:
– mit A/a: der Aal, der Abend …
– mit Ä/ä: ärgern, die Ähre …
– mit Ai/ai: das Aids …
– mit Au/au: auch…
– mit Äu/äu: das Äußere…
– mit E/e: die Ebbe, das Echo …
– mit Ei/ei: die Eiche, eilen …
– mit Eu/eu: euch…
– mit I/i: ich, die Idee …
– mit O/o: oben, das Obst …
– mit Ö/ö: öffnen, das Öl …
– mit U/u: das Ufer, unten …
– mit Ü/ü: über, die Übung …

⑤ b) Die Katzen fressen aus der Schüssel.
Der Hund knurrt und schnuppert am
Hosenbein des Briefträgers.
Über das Tal spannt sich ein bunter
Regenbogen.

Seite 62–63: Die Silbenprobe anwenden

① 1. die Noten, 2. die Seiten, 3. das Pflas-
ter, 4. die Erde, 5. die Federn, 6. die Schlan-
gen, 7. die Schalen, 8. die Schalter

② a), b) offene Silbe: die No|ten,
die Sei|ten, die Fe|der, die Scha|len

geschlossene Silbe: das Pflas|ter,
die Er|de, die Schlan|gen, die Schal|ter

Seite 64 – 65: Wörter mit silben-trennendem h erkennen

① a) die Schuhe, gehen, die Zehen, fliehen, die Flöhe
b) die Schuhe, gehen, die Zehen, fliehen, die Flöhe

② krä|hen, blü|hen, dre|hen, glü|hen, se|hen, flie|hen, mä|hen, ge|hen, nä|hen, mu|hen, zie|hen, ste|hen, ru|hen, brü|hen

③ er sieht – wir sehen,
er fleht – wir flehen,
er floh – wir flohen,
du drohst – wir drohen,
du nähst – wir nähen,
es dreht – wir drehen,
es entsteht – wir entstehen,
er geht – wir gehen,
es weht – wir wehen,
sie leiht – wir leihen

④

zweisilbige Wortform	andere Wortformen (Beispiele)
sehen	er sieht, du siehst, sie sah
nähen	er näht, du nähst, sie nähte
mähen	er mäht, du mähst, sie mähte
blühen	es blüht, du blühst, sie blühte
leihen	sie verleiht, du verleihst, sie verlieh

⑤ a) Die richtig geschriebenen Wörter sind hinter den durchgestrichenen geschrieben:
a. Der Hahn kräte krähte immer lauter.
b. Vor Wut biss er beim Früstück Frühstück statt ins Brot in seinen Finger.
c. Im Sommer wird das Getreide gemät gemäht.
d. Er sa sah nicht mehr gut, aber mit der Brille geht es besser.

b) a. krähte – weil: wir krähen
b. Frühstück – weil: der frühe Morgen
c. gemäht – weil: mähen
d. sah – weil: wir sahen

Seite 66 – 67: Wann schreibt man Wörter mit ie?

① a) bie|gen, die Bie|ne, die Hil|fe, bit|ten, die Die|be, flie|gen, klin|gen, frie|ren, die Rin|de, die Sil|be, der Spie|gel, die Tin|te
b) – mit offener Silbe: biegen, die Biene, die Diebe, fliegen, frieren, der Spiegel
– mit geschlossener Silbe: die Hilfe, bitten, klingen, die Rinde, die Silbe, die Tinte

② 1. das Fieber, 2. die Stifte, 3. die Fliege, 4. die Wiese, 5. der Pinsel

③ – mit -iegen: fliegen, biegen, kriegen, siegen
– mit -ießen: fließen, gießen, ließen, schließen

④ a) es liegt – wir liegen,
siegt – wir siegen, lieb – das liebe Kind,
er kniet – wir knien, der Hieb – die Hiebe,
sie fliegt – wir fliegen, es riecht – wir riechen, das Sieb – die Siebe

⑤ – mit -ieb: blieb, der Dieb, der Hieb, lieb
– mit -ier: das Bier, die Gier, hier, der Stier

⑥ a) Das kannst du tun: Geschichten über Riesen lesen, wilde Tiere zeichnen, Ziegen füttern, Bienen auf Blumen beobachten, Pilze sammeln, Brille und Stifte liegen lassen, einen Film anschauen, ein Spiel verlieren.

b) Strategien, die weiterhelfen:
– die Silbenprobe anwenden
– einsilbige Wörter verlängern

14

Seite 68 – 69: l, m, n ... – einfach oder doppelt?

1 b) bre(m/mm)sen, klä(f/ff)en, pu(m/mm)pen, ze(r/rr)en, wä(r/rr)men, die Kä(m/mm)e, die Hä(l/ll)fte, die Li(p/pp)e, die Wä(l/ll)der, der Lö(f/ff)el

2 strafen, die Hüte, raten, die Düne, die Schalen, die Ratten, der Ofen, straffen, die Hütte, offen, schallen

3 strafen – straffen, die Hüte – die Hütte, raten – die Ratten, die Düne – dünne , die Schalen – schallen, der Ofen – offen

4 a), b) Dose passt nicht – Begründung: Das Wort passt nicht, weil die erste Silbe offen ist.

5 bellt – wir bellen, kommt – wir kommen, kennt – wir kennen, frisst – wir fressen

6 a. Ein wachsamer Hund bellt, wenn ein Fremder kommt.
b. Er kennt alle Geburtstage seiner Mitschüler.
c. Mein Vogel frisst mir aus der Hand.

7 a) Hoffnung, Rollschuhe, Tippfehler, Passbild, hässlich, essbar
b) hoffen, rollen, tippen, passen, hassen, essen

Seite 70: Wörter mit ä

1 Kännchen – Kanne, Dächer – Dach, Fächer – Fach, lächeln – lachen, Äpfel – Apfel

2 a) Fässer – Fass – fassen, zählen – Zahl – Zahlen, Kräfte – Kraft – kräftig, wählen – Wahl – Wahlen, Jahre – Jahr – jährlich

3 die Blätter kommt von: das Blatt
die Dächer kommt von: das Dach
die Betten kommt von: das Bett
die Zelte kommt von: das Zelt
die Sterne kommt von: der Stern
die Kämme kommt von: der Kamm

Seite 71: Wörter mit äu

1 Bräutigam – Braut, Mäuse – Maus, läuten – laut, säubern – sauber

2 Träume – träumen – Traum
räumen – Räume – Raum
Schaum – schäumen – Schäume
Käufer – kaufen – Kauf
Raub – rauben – Räuber

3 die Bäume kommt von: der Baum
die Schläuche kommt von: der Schlauch
die Häuser kommt von: das Haus
die Zäune kommt von: der Zaun
die Steuer kommt von: das Steuer
die Freunde kommt von: der Freund

Seite 72 – 73: Wörter mit b, d, g am Wortende

1 der Korb – viele Körbe – der Korb
die Hand – viele Hände – die Hand
der Dieb – viele Diebe – der Dieb
grob – grober Stoff – grob
gelb – gelber Stoff – gelb

2 der Wald – viele Wälder – der Wald
das Bild – viele Bilder – das Bild
blond – blonde Haare – blond
gesund – gesunde Haare – gesund

3 der Ring – viele Ringe – der Ring
der Ausgang – viele Ausgänge – der Ausgang
klug – kluger Mensch – klug
schräg – schräger Tisch – schräg

das Kalb – viele Kälber – das Kalb
der Typ – viele Typen – der Typ
das Grab – viele Gräber – das Grab
plump – plumper Sprung – plump
lieb – lieber Mensch – lieb

❺ die Wand – viele Wände – die Wand
das Fest – viele Feste – das Fest
die Wurst – viele Würste – die Wurst
rund – runder Ball – rund
riskant – riskanter Sprung – riskant

❻ der Gesang – viele Gesänge –
der Gesang
das Werk – viele Werke – das Werk
der Erfolg – viele Erfolge – der Erfolg
krank – kranke Maus – krank
schwierig – schwierige Aufgabe –
schwierig

Seite 74: Wörter mit Dehnungs-h

❶ die Bohne, der Draht, lahm, das Mehl,
die Mühle, der Sohn, die Wahl, die Zahlen,
zählen, zahm, zehn

❷ ahnen: die Ahnung, ahnungslos
bohren: der Bohrer, verbohrt
fahren: die Fahrerin, unerfahren
fehlen: fehlerfrei, der Fehler
stehlen: verstohlen, der Diebstahl
wohnen: unbewohnbar, die Wohnung

Seite 75: Wörter mit aa, ee oder oo

❶ Wörter mit aa: der Aal, das Haar,
die Saat, das Paar, der Saal, die Waage
Wörter mit ee: die Beere, das Beet, die Fee,
leer, der See
Wörter mit oo: das Boot, doof, das Moor,
das Moos, der Zoo

❷ a)
a. Im Märchen gibt es oft eine gute Fee.
b. Im Zoo sind viele Tiere.
c. Die Beeren schmecken lecker.
d. Einige Sportler müssen oft auf
die Waage.
e. Auf dem See schwimmen viele Boote.
f. Der Aal schwimmt im Meer.

b) Lösungsbeispiele:

Laura hat schönes Haar.
Im großen Saal findet ein Konzert statt.
Ich habe ein Paar neue Sportschuhe
bekommen.
Die Flasche ist leer.
Der Gärtner gießt die Beete.
Ich finde das Spiel doof.
Im Moor leben viele Wasservögel.
Unter den Bäumen wächst weiches Moos.

Seite 76 – 77: Die Großschreibung von Wörtern ermitteln

❶ Lösungsbeispiele:

a. Ein Affe frisst Bananen.
Ein frecher Affe frisst gelbe Bananen.
Ein frecher, kleiner Affe frisst leckere,
gelbe Bananen.

b. Mein Freund kauft ein T-Shirt.
Mein guter Freund kauft ein blaues T-Shirt.
Mein guter, großer Freund kauft ein
hübsches, blaues T-Shirt.

c. Der Torwart hält den Ball.
Der gute Torwart hält den runden Ball.
Der gute, junge Torwart hält den runden,
weißen Ball.

d. Der Skifahrer rast über die Piste.
Der tapfere Skifahrer rast über
die steile Piste.
Der tapfere, kluge Skifahrer rast über
die steile, gefährliche Piste.

2 a. Viele schöne ~~fische~~ Fische schwimmen in einem kleinen ~~teich~~ Teich.

b. Drei hungrige ~~giraffen~~ Giraffen fressen saftige ~~blätter~~ Blätter.

c. Laute ~~musik~~ Musik kommt aus den riesigen ~~lautsprechern~~ Lautsprechern.

3 Lösungsbeispiel:

a. Deine <u>kleine</u> Schwester trägt eine <u>hübsche</u> Jacke.

b. Das <u>hungrige</u> Monster frisst einen <u>roten</u> Apfel.

c. Das <u>kräftige</u> Pferd trabt über eine <u>grüne</u> Wiese.

Seite 78 – 80: Fehler entdecken und berichtigen

1 Beispiele für die Berichtigung:

a. Im Urlaub wollten wir ans Meer.
Urlaub mit b, weil Urlaube
Meer groß, weil: das weite Meer

b. Wir sind zum Strand gefahren.
Strand mit d, weil: die Strände

c. Zuerst wollten wir schnell ins Wasser.
Wasser groß, weil: das kalte Wasser

d. Mein Bruder kann auch schon schwimmen.
schwimmen mit mm, weil: wir <u>schwim men</u>

e. Dann hatten wir Hunger.
Hunger groß, weil: der große Hunger

f. Unser Essen war im Korb.
Essen mit ss, weil: wir <u>es sen</u>
Korb mit b, weil: die <u>Kör be</u>

2 Beispiele für die Berichtigung:

a. Die Klasse 5c möchte eine Klassenfahrt machen.
Klasse groß, weil: die tolle Klasse

b. Die Schüler überlegen, wohin es gehen soll.
soll mit ll, weil: wir <u>sol len</u>

c. Auf einem Berg oder an einen See?
Berg mit g, weil: die Berge
See groß, weil: der tiefe See

d. Da geht noch eine Hand nach oben.
Hand mit d, weil: die Hände

e. Es gibt eine weitere Idee:
Idee groß, weil: die gute Idee

f. Etwas mit Sport. Das ist gesund!
gesund mit d, weil: gesunde Mahlzeit

g. Aber nicht klettern. Das ist zu schwierig.
klettern mit tt, weil: wir <u>klet tern</u>
schwierig mit g, weil: schwierige Aufgabe

3 **Einen Rechtschreibfehler berichtigen**
1. Schreibe das Wort richtig ab und unterstreiche die Stelle, die du falsch geschrieben hast: kommen
2. Bilder mit dem Wort einen kurzen Satz:
Ich komme gern zu deiner Feier.
3. Schreibe einige Wörter aus der Wortfamilie dazu: kommen, ankommen, bekommen
4. Schreibe eine Regel auf, die hilft, den Fehler zu vermeiden:
kommen mit mm: weil <u>kom men</u>

4 1. sah
2. Ich sah den Vogel.
3. sahen, aussehen, der Fernseher, der Sehtest, ansehen, wegsehen
4. sah mit h, weil: wir <u>sa hen</u>

Schritt 5: Denke über den Text nach.
Bilde dir eine eigene Meinung.

7 Was ist der Unterschied zwischen Esel und Pferd?
Was steht dazu im Text? Schreibe zwei oder drei Sätze zu diesen
Stichworten: Kopf – Ohren – Fell – Maul

_____

_____

_____

_____

_____

_____

_____

8 Hast du etwas Neues über Esel gelernt? Was findest du
besonders interessant? Schreibe deine Meinung auf.

Ich habe nicht gewusst, dass _____

_____

Es gefällt mir, dass _____

_____

Ich möchte gern _____

_____

Schülerband
Seiten 187 – 188

Nomen erkennen und richtig schreiben

WISSEN UND KÖNNEN   **Nomen erkennen**

Es gibt verschiedene **Nomenproben**. Damit kannst du herausfinden, ob ein Wort ein Nomen ist. Probiere aus:

– Kannst du vor das Wort einen **Begleiter** stellen?

→ das Rad, ein Rad, mein Rad, dein Rad, sein …

– Kannst du das Wort in die **Mehrzahl** setzen?

→ das Rad – die Räder

– Kannst du vor das Wort ein **Adjektiv** setzen?

→ das neue Rad

Beachte: Nomen werden großgeschrieben.

❶ Nomen können einen Artikel als Begleiter haben.
Schreibe die Nomen in die passende Spalte der Tabelle.

Bäckerei   Brot   Dieb   Fahrrad   Haus
Laterne   Polizist   Straße   Tag

der / ein	die / eine	das / ein
	Bäckerei	

❷ Nomen können meist die Mehrzahl bilden.
Finde für jedes Wort in der Tabelle die Mehrzahl.

die Bäckereien, die

3 a) Finde die Anfangsbuchstaben für die Nomen und trage sie
   in die Lücken ein. B B F F G R

Wo ist das Fahrrad geblieben?

Mein ____reund Nico bekam zu seinem ____eburtstag

ein ____ahrrad. Er fuhr mit dem neuen ____ad

in die ____äckerei, um ein ____rot zu kaufen.

b) Schreibe die Nomen mit dem gelb markierten Begleiter auf.

mein Freund Nico, seinem _____

_____

_____

4 a) Lies, wie es weitergeht. Unterstreiche die Nomen und
   korrigiere den Anfangsbuchstaben: Er wird großgeschrieben.

   F
Das fahrrad lehnte er an eine straßenlaterne und ging in

die bäckerei. Als er wenig später herauskam, war sein fahrrad

verschwunden! Nico rief sofort seine mutter an. Später spra-

chen sie mit einem polizisten. Hoffentlich finden sie den dieb!

b) Mache die Nomenprobe mit der Mehrzahl.

das Fahrrad – die Fahrräder, _____

_____

_____

c) Schreibe die ganze Geschichte in dein Heft – in richtiger
   Groß- und Kleinschreibung.

*Schülerband
Seite 190*

Verben in die Personalform setzen

Im Wörterbuch stehen die Verben in der Grundform (Infinitiv), z.B. brauchen. Im Satz verändern sich die Verben: Sie stehen in der Personalform, z.B.: Tanja braucht die Kamera.

1 Lies den Text über Kinderreporter.
 a) Unterstreiche in jedem Satz das Verb. Setze die unterstrichenen Verben in der linken Spalte der Tabelle ein.
 b) Ergänze die Grundform in der rechten Spalte.

Kinderreporter bei der Arbeit

Was genau macht ein Kinderreporter? Ein Kinderreporter sucht zunächst interessante Themen. Dann überlegt er sich Fragen für ein Interview. Vor der Kamera stellt er die Interviewfragen. Oft steht auch ein Kinderreporter hinter der Kamera.

Personalform im Text			Grundform
Was	macht	ein Kinderreporter?	machen
Er		interessante Themen.	
Er		sich Fragen.	
Er		die Interviewfragen.	
Er		hinter der Kamera.	

2 Schreibe für machen und suchen alle Personalformen auf. Markiere die Wortbausteine am Ende der Verben gelb.

machen		suchen	
ich mache	wir	ich	wir
du	ihr	du	ihr
sie	sie	er	sie

Präsens und Präteritum erkennen

*Schülerband
Seite 191*

Das Verb in einem Satz steht in einer bestimmten Zeitform.

1 Ein interessantes Thema für die Kinderreporter:
Wie war es vor 100 Jahren in der Schule – und wie ist es heute?
a) Lies die Sätze und unterstreiche alle Verben.

Die Kinder lernten Lesen, Schreiben, Rechnen und Religion.

Wir sind 28 Kinder in der Klasse.

Die Kinder schrieben mit Kreide auf kleine Tafeln.

Wir lernen in vielen Fächern und AGs.

Wir schreiben mit Stiften ins Heft oder tippen auf dem PC.

In einem Klassenzimmer waren manchmal bis zu 100 Kinder.

b) Schreibe die Sätze zur richtigen Überschrift.

Früher

_____

_____

_____

Heute

_____

_____

_____

c) Ordne jetzt die Verben ein.

Präsens			
Präteritum			

Schülerband
Seite 191

Das Präteritum bilden und gebrauchen

Das Präteritum wird gebraucht, um über die Vergangenheit zu berichten oder zu erzählen: Es war einmal ...

Retter auf vier Pfoten

Es war 2.30 Uhr in der Nacht. Die Menschen in einem Miets-haus in Köln schliefen alle fest. Da bellte der Hund „Boss" plötzlich und er sprang auf das Bett seines Herrchens. Artur R. schimpfte mit dem Hund. Aber Boss hörte nicht auf.

1 Lies den Anfang des Zeitungsberichts. Die Verben stehen im Präteritum. Schreibe sie in die angefangenen Sätze.

Es ____war____   Die Menschen _____

Der Hund _____   Er _____

Artur R. _____   Boss _____ nicht _____

2 Lies, wie der Zeitungsbericht endet. Setze die Verben im Präteritum in die Lücken ein. Sie stehen am Rand.

bekam
brannte
flüchteten
rettete
sah
schaute
weckte

Artur R. _____ (schauen) in den Flur und

_____ (sehen), dass es _____ (brennen).

Er _____ (wecken) seine Frau und die Nachbarn.

Alle Bewohner _____ (flüchten).

Boss _____ (retten) sieben Familien das Leben.

Zur Belohnung _____ (bekommen) er ein Würstchen.

Das Perfekt bilden und gebrauchen

*Schülerband
Seite 192*

In mündlichen Erzählungen wird vor allem das Perfekt verwendet: Gestern habe ich etwas erlebt ...

1 Artur R. erzählt einem Freund, was er mit seinem Hund „Boss" erlebt hat. Ergänze den Text und gebrauche das Perfekt.

Nachts um drei Uhr _hat_ mich Boss _aufgeweckt_ (tkcewegfua).

Er ist aufs Bett _____ (negnurpseg).

Dann h_____ er laut _____ (tllebeg).

Ich h_____ mit ihm _____ (tfpmihcseg).

Aber Boss h_____ nicht _____ (tröhegfua).

Ich h_____ in den Flur _____ (tuahcseg)

und h_____ das Feuer _____ (neheseg).

Sofort h_____ ich meine Frau und die Nachbarn

_____ (tkceweg).

Boss h_____ viele Menschen _____ (tettereg).

Die Wörter in den Klammern helfen dir – wenn du sie rückwärts liest!

2 Ergänze die Formen in der Tabelle.

Grundform	Präteritum	Perfekt
lachen	ich	ihr habt
erzählen	er	sie hat
hören	ich	sie haben

Schülerband
Seite 193

Adjektive erkennen und gebrauchen

1 a) Lies den Lexikonartikel über Goldhamster.

Der **Goldhamster** ist ein kleines Nagetier.
Er hat ein goldbraunes Fell und einen weißen Bauch.
Der Goldhamster besitzt dunkle Knopfaugen,
runde Ohren und ist etwa 11 cm lang.
Hamster sind nachtaktive Tiere, die erst in der
Dämmerung munter werden.

a) Wie sieht ein Goldhamster aus?
  Markiere immer das richtige Wort.

    a. Der Goldhamster ist dick / klein.
    b. Sein Fell ist goldbraun / rotbraun.
    c. Der Bauch ist hellbraun / weiß.
    d. Die Augen des Hamsters sind blau / dunkel.
    e. Seine Ohren sind spitz / rund.
    f. Der Goldhamster ist etwa 11 cm dünn / lang.
    g. Hamster sind nachtaktiv / tagaktiv.

2 Leni hat einen kleinen Text über Hamster geschrieben.
Ergänze die Adjektive.

Der Goldhamster ist _____.

Sein Fell ist _____

und der Bauch ist _____.

Die Knopfaugen sind _____

und seine Ohren _____.

Die Tiere sind _____.

❸ Vervollständige den Lexikonartikel über das Meerschweinchen.
Verändere die Adjektive so, dass sie zum Nomen passen.

Das **Meerschweinchen** stammt aus Südamerika.
Das kleine Nagetier wurde von den Indianern als Haustier
gehalten. Das Meerschweinchen hat einen groß____ Kopf
mit kurz____ Ohren. Es hat ein langhaarig____ oder kurz____
Fell und keinen Schwanz. Meerschweinchen haben kurz____
Beine.
Den lustig____ Namen erhielten sie, weil sie von den Schiffen über das Meer nach Europa gebracht wurden und weil
sie ein bisschen wie klein____ Schweinchen aussehen.

❹ Schreibe über dein Fantasietier.
Suche dir für alle Lücken passende Adjektive aus.
Setze sie in der richtigen Form in die Sätze ein.

lustig   riesig   winzig   neu   klein   groß   dick   dünn
rot   schwarz   grün   gelb   süß   sauer   scharf   jung

Du kannst auch
andere Adjektive
verwenden.

Mein _____ **Fantasietier**

Es hat einen _____ Kopf

mit _____ Ohren.

Es hat ein _____ Fell,

einen _____

Schwanz und _____ Augen.

Seine Beine sind _____ und _____ .

Am liebsten frisst es _____ Kekse

oder _____ Mäuse.

Hier kannst du dein Fantasietier malen:

Schülerband
Seite 193

Adjektive steigern

Adjektive steigern

Grundstufe: groß
1. Vergleichsstufe: größer
2. Vergleichsstufe: am größten

1 a) Schau dir die Bilder an und ergänze die Sätze.

Der Igel ist _klein_ .

Die Schnecke ist _____ .

Die Ameise ist _____ .

b) Schneller – schneller – am schnellsten!
Steigere diese Adjektive:

Grundstufe	1. Vergleichsstufe	2. Vergleichsstufe
schnell	schneller	am
lang		
kurz		
groß		
faul		
jung		
alt		

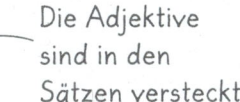

Die Adjektive sind in den Sätzen versteckt.

2 Errate, welche Höchstleistungen die Tiere schaffen.
Ergänze die Adjektivformen in den Sätzen.

a. Die **Giraffe** ist das _____
Säugetier an Land. Die Männchen werden
bis zu 6 Meter <u>groß</u>.

b. Der **Gepard** ist das _____
Landsäugetier. Bis zu 120 Stundenkilometer <u>schnell</u> saust er über die Steppe.

c. Das **Faultier** ist tatsächlich

das _____ Tier der Welt:
Es pennt 20 Stunden am Tag!

d. Der **Siebenschläfer** hält den

_____ Winterschlaf:
7 Monate <u>lang</u> im Jahr.

e. Sie hat die _____
Lebensdauer. Die **Eintagsfliege** lebt nur
<u>kurz</u>, oft nur 5 Stunden!

3 Vergleiche die Kinder mit alt, älter, am ältesten.

a. Marius ist _____ als _____ .

b. Anna ist genauso _____ wie _____ .

c. Leni ist _____ als _____ .

d. Marius ist _____ .

Satzglieder erkennen

❶ Formuliere aus den sieben Wörtern
einen Satz.

Kinder   besuchen   das   die
morgen   neue   Museum

Die Kinder _____

_____

❷ Schreibe den Satz noch zwei Mal auf.
Verwende die Satzanfänge.

Morgen _____

_____

Das neue Museum _____

_____

❸ Wörter, die beim Umstellen immer zusammenbleiben,
sind Satzglieder. In dem Satz aus Aufgabe 1 und 2 sind
vier Satzglieder. Finde sie und schreibe sie auf:

1. Satzglied: _____

2. Satzglied: _____

3. Satzglied: _____

4. Satzglied: _____

4 Bestimme die Satzglieder. Gehe so vor:
– Ändere den Anfang vom Satz und stelle damit die Sätze um.
– Schreibe die Sätze auf.
– Klammere die Wörter ein, die immer zusammenbleiben.

Die Anzahl der Satzglieder steht in Klammern hinter dem Satz.

a. Im Museum bekommen die Kinder viele Informationen. (4)

Die Kinder _____

_____

b. Sie sehen in der Ausstellung ein Skelett. (4)

In der Ausstellung _____

_____

c. Der Lehrer zeigt den Kindern die Bilder. (4)

Die Bilder _____

_____

d. Die Kinder machen Zeichnungen. (3)

Zeichnungen _____

e. Der Urvogel beeindruckt alle Besucher. (3)

Alle Besucher _____

_____

f. Nach dem Besuch fahren die Kinder nach Hause. (4)

Nach Hause _____

_____

*Schülerband
Seite 196*

Umstellproben machen

1 Die Überschrift eines Zeitungsberichts klingt irgendwie komisch: Wer entführt hier wen?

> **Fünf Affen entführen Unbekannte aus dem Zoo**

Stelle die Satzglieder so um, dass man die Überschrift besser versteht:

Unbekannte _____

_____

2 Was ist an den folgenden Überschriften merkwürdig?
Sprich sie einem Lernpartner in einer sinnvolleren Reihenfolge vor und schreibe sie auf.

a. Auf der Autobahn einen Stau verursachen drei Schafe

Drei Schafe _____

_____

b. Eine Kuh rettet die Feuerwehr aus einem See

Die Feuerwehr _____

_____

c. Zwei entlaufene Giraffen fangen Zoowärter ein

Zoowärter _____

_____

3 Überarbeite die folgende Zeitungsmeldung.
Stelle dabei die Sätze um und ergänze den Lückentext.

Krokodil gestohlen

In der norwegischen Stadt Bergen
sucht die Polizei nach Diebesgut.
Unbekannte haben am Samstag
ein Krokodil aus dem Zoo gestohlen.
Das Tier könnte durch den Stress sterben.
Das kleine Krokodil konnte aus dem Zoo
gestohlen werden, weil es so zahm ist.
Das Krokodil ist ungefährlich für Menschen.
Der Zoo möchte das Krokodil wiederhaben.
Der Zoodirektor hat 3000 €
für Hinweise versprochen.

Nach Diebesgut sucht _____

_____ .

Aus dem Zoo _____

_____ .

Durch den Stress _____

_____ .

Das kleine Krokodil konnte aus dem Zoo gestohlen werden, weil es

so zahm ist. Für Menschen _____

_____ .

Der Zoo möchte das Krokodil wiederhaben. _____

Der Zoodirektor hat 3000 € für Hinweise versprochen. ____

Schülerband
Seite 197 – 198

Subjekt und Prädikat bestimmen

Das Subjekt und das Prädikat sind Satzglieder:
Das Subjekt gibt an, wer etwas tut.
Das Prädikat sagt aus, was jemand macht.

Früher lebten auf einer Burg viele Menschen.
Sie hatten unterschiedliche Aufgaben.

❶ Wer hat auf einer Burg was getan?
Setze die passenden Personen und Berufe in die Sätze ein.

Der Burgherr   Der Schmied   Die Burgherrin
Der Stallmeister   Die Mägde und die Knechte   Die Ritter

a. _____ Der Burgherr _____ war der Chef der Burg.

b. _____ kümmerte sich um den Haushalt.

c. _____ stellte Waffen her.

d. _____ versorgte die Tiere.

e. _____ dienten

_____ dem Burgherrn und arbeiteten in den Ställen. _____

f. _____ kämpften in einer Ritterrüstung.

2 Beantworte die Wer-Fragen.
Die Antworten sind die Subjekte in den Sätzen aus Aufgabe 1.

a. Wer war der Chef der Burg?

_____ der Burgherr _____

b. Wer kümmerte sich um den Haushalt?

_____

c. Wer stellte Waffen her?

_____

d. Wer versorgte die Tiere?

_____

e. Wer kämpfte in einer Ritterrüstung?

_____

❸ Das Prädikat sagt aus, was jemand macht. Beantworte
die Fragen zu den Sätzen a–g. Die Antworten sind die Prädikate.

a. Feger putzten die Höfe.

<u>Was machten</u> die Feger?

Sie _____putzten_____ die Höfe.

b. Der Marschall überwachte die Pferdeställe.

<u>Was machte</u> der Marschall?

Er _____ die Pferdeställe.

c. Minnesänger sangen Lieder.

<u>Was machten</u> die Minnesänger?

Sie _____ Lieder.

e. Der Mundschenk brachte die Getränke.

<u>Was machte</u> der Mundschenk?

Er _____ die Getränke.

f. Der Stallmeister versorgte die Tiere.

<u>Was machte</u> der Stallmeister?

Er _____ die Tiere.

g. Die Ritter kämpften in einer Ritterrüstung.

<u>Was machten</u> die Ritter?

Sie _____ in einer Ritterrüstung.

4 Suche die Subjekte und die Prädikate und schreibe sie auf.

a. Ritter bauten die ersten Burgen vor etwa 1000 Jahren.

Subjektfrage: Wer baute die ersten Burgen?   Ritter

Prädikatfrage: Was machten die Ritter vor 1000 Jahren?

(Sie) _____

b. Die Burgbewohner wohnten in der Burg.

Subjektfrage: Wer wohnte in der Burg? _____

Prädikatfrage: Was machten die Burgbewohner?

(Sie) _____

c. Die Bewohner holten Trinkwasser aus einem Brunnen.

Subjektfrage: Wer holte Trinkwasser? _____

Prädikatfrage: Was machten die Bewohner?

(Sie) _____

5 Schreibe die Sätze aus Aufgabe 3 auf.
Unterstreiche die Subjekte grün und die Prädikate blau.

_____

_____

_____

_____

Schülerband
Seite 201

Punkte am Satzende setzen

1 a) Lies den Text über den Schriftsteller Paul Maar.

> Paul Maar hat Kinderbücher geschrieben | Am bekanntesten sind die Geschichten vom Sams Die Hauptfiguren sind das Sams und Herr Taschenbier Herr Taschenbier ist schüchtern Das Sams ist frech und mutig Auf dem Foto siehst du Paul Maar Kinder mögen die Geschichten vom Sams

b) Warum ist der Text schwer zu lesen? Streiche die falschen Wörter durch:

In dem Text fehlen die Gedanken / Punkte am Satzende. Deshalb ist er schwer zu lesen.
Wenn ein neuer Gedanke / Punkt beginnt, muss man vorher einen Punkt setzten.

2 Ergänze die fehlenden Punkte in dem Text über Paul Maar. Gehe so vor:
   – Lies dir den Text halblaut vor.
   – Mache dort eine Pause, wo ein neuer Gedanke beginnt.
   – Kennzeichne die Stelle mit einem senkrechten Strich.
   – Schreibe den Text ab und ersetze die Striche durch Punkte.

Kleine Hilfe: Die Satzanfänge sind groß- geschrieben.

_____

_____

_____

_____

_____

3 Sicher kennst du das Sams. Hier erfährst du, wie das Sams zu seinem Namen und wie es zu Herrn Taschenbier kam.

a) Suche die Stellen im Text, wo du einen Punkt setzen musst.

b) Vergleiche deine Lösungen mit deinem Lernpartner.

Achte auf die Großschreibung am Satzanfang!

Herr Taschenbier und das Sams

Das Sams ist ein lustiges Wesen mit roten Haaren, einer Rüsselnase und blauen Punkten im Gesicht An einem Samstag trifft es Herrn Taschenbier Das Sams erklärt ihn kurzerhand zu seinem Papa Herr Taschenbier hat eine seltsame Woche hinter sich Am Sonntag schien die Sonne Am Montag kam sein Freund Mon zu Besuch Am Dienstag hatte er Dienst Am Mittwoch war wie immer Mitte der Woche Am Donnerstag donnerte es Am Freitag hatte Herr Taschenbier frei Er ahnte, dass am Samstag etwas Besonderes passieren würde Am Samstag trifft dann Herr Taschenbier das Sams Von diesem Tag an veränderte sich das Leben von Herrn Taschenbier

4 Auf dem Bild siehst du das Sams. Betrachte das Bild. Beschreibe in einem kurzen Text, wie das Sams aussieht. Denke an die Punkte am Satzende.

_____

_____

_____

_____

_____

*Schülerband
Seite 202*

Satzschlusszeichen verwenden

1 Setze in den Merksatz die fehlenden Wörter ein:

Ausrufezeichen   Fragezeichen   Punkt

Am Ende einer Aussage steht ein _____.

Eine Frage erkennst du an einem _____.

Bei Aufforderungen steht ein _____.

2 Die Klasse 5b will eine Stadtrallye machen.
a) Schau dir die Abbildung an und lies die Sprechblasen.
b) Markiere die Sprechblasen: Aussagen grün, Fragen blau,
   Aufforderungen rot.

3 a) Lies den Text über die Stadtrallye.
b) Setze die Satzschlusszeichen. Die Farben helfen dir dabei.

Hast du schon einmal bei einer Stadtrallye mitgemacht ___

In der Stadtrallye lernst du interessante Orte kennen ___

An den Stationen gibt es kleine Rätsel ___

Manchmal musst du etwas suchen ___

Es gibt einen festgelegten Rallyeweg ___

Halte dich an diesen Weg ___

Es ist egal, an welcher Station die Stadtrallye beginnt ___

Mache aber alle Aufgaben ___

Wer wird Rallye-Meister ___

Wörtliche Rede erkennen und kennzeichnen

*Schülerband
Seite 203*

1 Lies den Witz.

a) Unterstreiche, was der Polizist sagt und was der Junge sagt.

b) Kreise Anführungs- („ ") und Satzschlusszeichen (. ! ?) ein.

c) Sprecht darüber: Wo stehen die Anführungs- und
Satzschlusszeichen?

Fritzchen fährt mit seinem Fahrrad, es ist fast dunkel.
Ein Polizist hält ihn an und fragt: „Wie heißt du?"
Fritzchen antwortet cool: „Fritz Müller."
Der Polizist fragt weiter: „Und dein Alter?"
Darauf Fritzchen: „Auch Müller!"

2 a) Lies den Witz.

b) Achte auf die Zeichensetzung bei der wörtlichen Rede.
Setze die Anführungszeichen in die Lücken ein.
Achtung: Am Anfang der wörtlichen Rede stehen
die Anführungszeichen unten („), am Ende oben (").

Toni erzählt Laura stolz: ____ Stell dir vor, ich habe ein
50-Teile-Puzzle in zwei Monaten fertig gepuzzelt! ____
Laura antwortet: ____ Und, das findest du gut? ____
Toni: ____ Na klar! Auf der Packung stand 3 bis 4 Jahre! ____

c) Schreibe den Witz mit Anführungszeichen auf.

_____

_____

_____

_____

_____

_____

*Schülerband
Seite 211*

Silben in Wörtern untersuchen

❶ Markiere in den fett gedruckten Wörtern die Silbengrenzen und setze unter jede Silbe einen Silbenbogen.

mes|sen   **le ben**   die **Fei er**   das **Zim mer**   **lo ben**

die **Waf fe**   die **Wen de**   die **Keu le**   die **Kin der**   die **Lei ter**

❷ Ordne die Buchstaben **ei, u, äu, ü** richtig zu.
- Einfache Vokalbuchstaben: a, e, i/ie, o,_____
- Besondere Vokalbuchstaben für Umlaute: ä, ö,_____
- Besondere Vokalbuchstaben für Zwielaute: ai, au, eu, _____

❸ Welche Vokalbuchstaben kommen in den Silben bei Aufgabe 1 vor?
a) Umkreise die einfachen Vokalbuchstaben und die besonderen Vokalbuchstaben.
b) In der 2. Silbe kommt immer der Vokalbuchstabe _____ vor.

❹ Die Wörter bei Aufgabe 1 beginnen alle mit einem Konsonantbuchstaben: Was passiert, wenn du ihn weglässt?
a) Schreibe einige Wörter auf, die neu entstehen.

es | sen _____

_____

_____

b) Markiere in den neuen Wörtern wie in Aufgabe 1 die Silbengrenze und setze unter jede Silbe einen Silbenbogen.
c) Suche im Wörterbuch nach Wörtern ohne Konsonantbuchstaben am Wortanfang. Schreibe einige Wörter auf.

_____

_____

5 Bringe die drei folgenden Sätze wieder in Ordnung.
a) Versuche die Sätze ohne die fehlenden Buchstaben zu lesen.
b) Ersetze die Lücken durch die richtigen Vokalbuchstaben.

D___ K___tz___n fr___ss___n

___s d___r Sch___ss___l.

D___r H___nd kn___rrt und schn___pp___rt

___m H___s___nb___n des Br___ftr___g___rs.

___b___r d___s T___l sp___nnt s___ch

___n b___nt___r R___g___nb___g___n.

c) Schreibe zwei oder drei längere Wörter
ohne Vokalbuchstaben auf:
– deine Lieblingsspeise,
– ein besonderes Hobby,
– eine besondere Stadt ...
Ein anderer soll die Lücken füllen.

_____

_____

_____

_____

*Schülerband
Seite 212*

Die Silbenprobe anwenden

1 Löse das Silbenrätsel. Gesucht sind vier Nomen mit offener Silbe und vier Nomen mit geschlossener Silbe.
Schreibe die gesuchten Wörter auf.
Streiche die Silben durch, die du für die Wörter gebraucht hast.

Ein Silbenrätsel

~~NO~~ ER FE PFLAS SEI SCHA SCHAL SCHLAN

DE DERN GEN LEN TER TER TEN TEN

1. In der Schule werden sie verteilt
   und sie stehen auf dem Zeugnis: die No _____

2. In Büchern gibt es sie
   und wir blättern sie um: die S _____

3. Bei einer Verletzung
   klebt man es auf eine Wunde: das Pf _____

4. Sie dreht sich um die Sonne
   und wir leben darauf: die E _____

5. Vögel haben sie am Körper.   die F _____

6. Es gibt giftige und ungiftige
   und diesen Tieren fehlen Beine: die Sch _____

7. So nennt die Hüllen einer Nuss.   die Sch _____

8. Damit kannst du das Licht
   an- und ausschalten: der Sch _____

2 Überprüfe, ob die erste Silbe in den Wörtern offen oder geschlossenen ist. Nutze dazu die Silbenprobe:

a) Markiere die Silbengrenze. Unterlege jede Silbe mit einem Silbenbogen.

b) Schreibe die Wörter geordnet in die Tabelle.

Hinweise zur Silbenprobe findest du im Schülerband auf Seite 212.

offene Silbe (endet mit einem Vokalbuchstaben)	geschlossene Silbe (endet mit einem Konsonantbuchstaben)
die No|ten	das Pflas|ter

3 a) Verbinde die Silben zu Wörtern. Schreibe die Wörter auf die Linien.

b) Markiere in jedem Wort die 1. Silbe: offene Silben grün, geschlossene Silben blau.

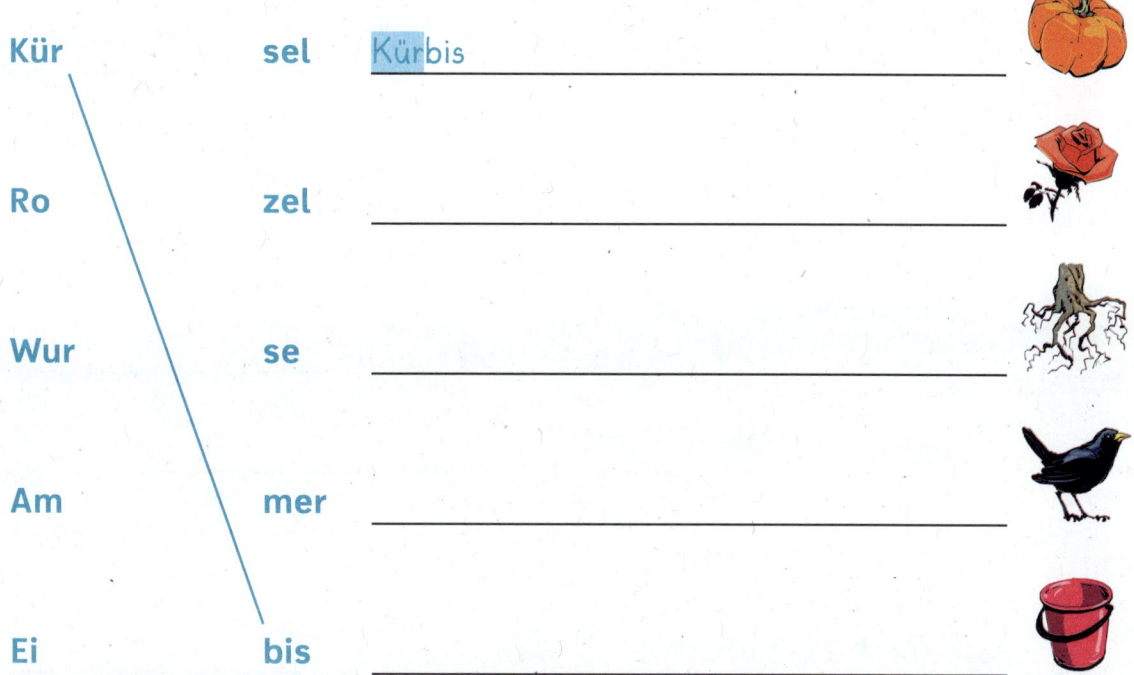

Kür   sel   Kürbis _____

Ro   zel   _____

Wur   se   _____

Am   mer   _____

Ei   bis   _____

*Schülerband
Seite 217*

Wörter mit silbentrennendem h erkennen

1 a) Lies die Wörter.

Ergänze zwischen den beiden Vokalen das h.

b) Markiere die beiden Vokalbuchstaben vor und nach dem h.

die Schu___e   ge___en   die Ze___en   flie___en   die Flö___e

2 Markiere in den Wörtern die Silbengrenze und setze die Silbenbögen.

krä hen	blü hen	dre hen	glü hen	se hen
flie hen	mä hen	ge hen	nä hen	mu hen
zie hen	ste hen	ru hen	brü hen	

3 Suche zu den folgenden Wörtern eine zweisilbige Wortform und schreibe sie jeweils mit Silbenbögen dahinter.

er sieht   –   wir se hen _____

er floh   –   wir _____

du nähst   –   wir _____

es entsteht –   wir _____

es weht   –   wir _____

er fleht   –   wir _____

du drohst   –   wir _____

es dreht   –   wir _____

er geht   –   wir _____

sie leiht   –   wir _____

4 Ergänze in der Tabelle die Lücken mit weiteren Verbformen.
Unterlege alle zweisilbigen Wörter mit Silbenbögen.

zweisilbige Wortform	andere Wortformen
se hen	er sieht, du siehst, sie sah
nä hen	
mä hen	
	es blüht,
	sie leiht, du leihst, sie lieh

5 In den unterstrichenen Wörtern fehlt ein silbentrennendes h.

a) Streiche die Wörter durch und schreibe sie richtig darüber.

                kräht
a. Der Hahn krä t immer lauter.

b. Vor Wut biss er beim Frü stück statt ins Brot in seinen Finger.

c. Im Sommer wird das Getreide gemä t.

d. Er sa nicht mehr gut, aber mit der Brille geht es besser.

b) Begründe das eingefügte h:

a. kräht mit h, weil: wir krähen

b. Frühstück mit h, weil: der f   Morgen

c. gemäht mit h, weil: wir

d. sah mit h, weil: wir

*Schülerband
Seiten 220/221*

Wann schreibt man Wörter mit ie?

 **1** Begründe die Schreibung des i-Lauts mit **ie** oder **i**.
Wende die Silbenprobe an:

a) Markiere die Silbengrenze und setze unter jede Silbe den Silbenbogen.

bie|gen   die Bie ne   die Hil fe   bit ten   die Die be   flie gen

klin gen   frie ren   die Rin de   die Sil be   der Spie gel   die Tin te

b) Ordne die Wörter nach Wörtern mit offener und geschlossener Silbe.

mit offener Silbe (endet mit einem Vokalbuchstaben)	mit geschlossener Silbe (endet mit einem Konsonant- buchstaben)
bie gen	die Hil fe

 **2** Löse das Silbenrätsel: Finde fünf Nomen mit einem i-Laut:
– Schreibe die Nomen mit Artikel auf die Linien.
– Streiche auf dem Zettel die Silben, die du für die Wörter gebraucht hast.

Fie	Wie
Flie	Stif
Pin se ge	
~~ber~~ te sel	

1. Erhöhte Körpertemperatur: _das Fie ber_____

2. Die benutzt man beim Schreiben: _____

3. Lästiges, störendes Insekt: _____

4. Grasfläche, auf der das Vieh grast: _____

5. Damit streicht man einen Zaun: _____

❸ Bilde zweisilbige Reimwörter. Unterlege sie mit Silbenbögen.

mit -iegen: flie gen – b _____ , kr _____ , s _____

mit -ießen: flie ßen – g _____ , l _____ , schl _____

❹ Oft sind Wörter einsilbig. Bilde zu den einsilbigen Wörtern eine
zweisilbige Wortform und schreibe sie mit Silbenbögen dahinter.

es liegt – wir lie gen _____   siegt – wir _____

lieb – das _____ Kind   er kniet – wir _____

der Hieb – die _____   sie fliegt – wir _____

es riecht – wir _____   das Sieb – die _____

❺ Bilde einsilbige Reimwörter:

mit -ieb: blieb – der D _____ , der H _____ , l _____ .

mit -ier: das Bier – die G _____ , h _____ , der St _____ .

❻ a) Setze in die Lücken **i** oder **ie** ein.

Das kannst du tun:
Gesch___chten über R___sen lesen,
w___lde T___re zeichnen, Z___gen füttern,
B___nen auf Blumen beobachten, P___lze sammeln,
Br___lle und St___fte l___gen lassen,
einen F___lm anschauen,
ein Sp___l verl___ren.

Riesen
Film – Filme

b) Begründe das **i** und **ie**. Kreuze an, was dir dabei hilft:

☐   die Silbenprobe anwenden
☐   Wörter in Wortbausteine zerlegen
☐   einsilbige Wörter verlängern

Schülerband
Seiten 218/219

l, m, n ... - einfach oder doppelt?

❶ Überprüfe, ob die folgenden Wörter mit einem oder mit doppeltem Konsonantbuchstaben geschrieben werden müssen.

bre(m/mm)sen   klä(f/ff)en
pu(m/mm)pen   ze(r/rr)en
wä(r/rr)men   die Kä(m/mm)e
die Hä(l/ll)fte   die Li(p/pp)e
die Wä(l/ll)der   der Lö(f/ff)el

a) Führe dazu die Silbenprobe im Kopf durch.
b) Streiche in der Klammer Buchstaben,
    die nicht passen.

❷ Führe auch zu den folgenden Wörtern
die Silbenprobe durch.

stra fen   die Hü te   ra ten   die Dü ne

die Scha len .   die Rat ten   der O fen   straf fen

die Hüt te   of fen   schal len

❸ Schreibe die Wörter der Aufgabe 2 als Wortpaare nebeneinander auf. An zweiter Stelle sollen immer die Wörter mit geschlossener Silbe stehen.

stra fen – straf fen, _____

_____

_____

_____

4 Welches Wort in der Wortreihe passt nicht?

Keller   Sommer   Lippe   Dose   Kanne

a) Unterstreiche das Wort, das nicht passt:
b) Begründe deine Entscheidung. Kreuze an:

Das Wort passt nicht,
☐ weil die erste Silbe offen ist.
☐ weil die erste Silbe geschlossen ist.

5 Begründe den doppelten Konsonantbuchstaben in den einsilbigen Verben mit der Verlängerungsprobe.

bellt   kommt   kennt   frisst   glimmt   brennt

Lies dazu auch im Schülerbuch auf Seite 213

bellt – wir bel len _____   kommt – _____

kennt – _____   frisst – _____

6 Schreibe in die Lücken die passenden Verben aus Aufgabe 5.

a. Ein wachsamer Hund bellt, wenn ein Fremder _____.

b. Er _____ alle Geburtstage seiner Mitschüler.

c. Mein Vogel _____ mir aus der Hand.

7 Erkläre den Doppelbuchstaben mit der Silbenprobe.
a) Unterstreiche die Wortteile, die du abtrennen musst.
b) Verlängere die einsilbigen Wortteile:

Die abgetrennten Wortteile verlängere ich und denke ...

bei Hoffnung an hof fen ___, bei Rollschuhe an r_____,

bei Tippfehler an _____; bei Passbild an _____,

bei hässlich an _____, bei essbar an _____.

*Schülerband
Seiten 222/223*

Wörter mit ä

Wann schreibe ich mit ä? Suche nach einem Wort aus der Wortfamilie. Das nennt man ableiten.

1 Schreibe die Wortpaare auf. Markiere ä/a.

~~Kännchen~~ Dächer Fächer lächeln Äpfel
~~Kanne~~ Fach Apfel Dach lachen

Kännchen – Kanne, _____

_____

_____

2 Oft gibt es noch mehr Wörter in einer Wortfamilie.
Unterstreiche Wörter, die zu einer Wortfamilie gehören,
mit derselben Farbe.

Fässer zählen Kräfte Zahl wählen Fass Wahl Jahre
Kraft Jahr Wahlen jährlich Zahlen kräftig fassen

 **3** ä oder e? Leite ab.

 die Blätter kommt von:

das Blatt _____

 die D__cher kommt von:

das _____

 die B__tten kommt von:

das _____

 die Z__lte kommt von:

das _____

 die St__rne kommt von:

der _____

 die K__mme kommt von:

der _____

Wörter mit äu

*Schülerband
Seiten 222/223*

**Wann schreibe ich mit äu? Suche nach einem Wort aus der
Wortfamilie. Das nennt man ableiten.**

1 Schreibe die Wortpaare auf. Markiere äu/au.

~~Bräutigam~~   Mäuse   läuten   säubern
~~Braut~~   laut   Maus   sauber

Bräutigam – Braut, _____

_____

_____

2 Oft gibt es noch mehr Wörter in einer Wortfamilie.
Unterstreiche Wörter, die zu einer Wortfamilie gehören,
mit derselben Farbe.

Träume   räumen   Schaum   Käufer   Traum   Raub   kaufen
Kauf   rauben   schäumen   Räuber   Schäume   Räume
Raum   träumen

3 äu oder eu? Leite ab.

 die Bäume kommt von:

der Baum _____

 die Schl___che kommt von:

der _____

 die H___ser kommt von:

das _____

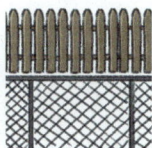 die Z___ne kommt von:

der _____

 die St___er kommt von:

das _____

 die Fr___nde kommt von:

der _____

*Schülerband
Seiten 224/225*

Wörter mit b, d oder g am Wortende

 **1** Warum am Ende mit **b** schreiben? Verlängere das Wort.
Schreibe beide Wörter richtig auf.

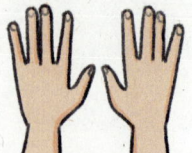

der Korb	–	viele Körbe	–	der Korb
die Hand	–	viele Hände	–	die
der Dieb	–	viele	–	der
grob	–	grober Stoff	–	grob
gelb	–		–	

 **2** Warum am Ende mit **d** schreiben? Verlängere das Wort.
Schreibe beide Wörter richtig auf.

der Wald	–	viele Wälder	–	der Wald
das Bild	–	viele	–	das
blond	–	blonde Haare	–	
gesund	–		–	

3 Warum am Ende mit **g** schreiben? Verlängere das Wort.
Schreibe beide Wörter richtig auf.

der Ring	–	viele	–	der
der Ausgang	–	viele	–	der
klug	–		–	
schräg	–		–	

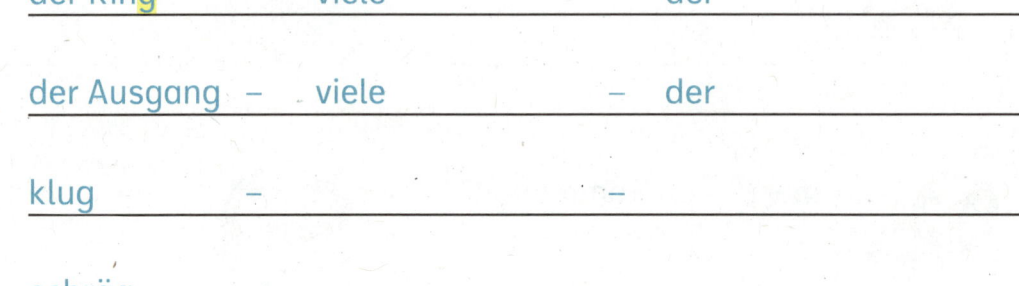

4 b oder p? Verlängere das Wort.
Schreibe beide richtig Wörter auf.

das Kalb – viele Kälber – das _____

der Typ – viele – der _____

das Grab – viele – das _____

plump – plumper Sprung – _____

lieb – – _____

5 d oder t? Verlängere das Wort. Schreibe beide richtig Wörter auf.

die Wand – viele – die Wand _____

das Fest – viele – das _____

die Wurst – viele – die _____

rund – – _____

riskant – – _____

6 g oder k? Verlängere das Wort. Schreibe beide Wörter richtig auf.

der Gesang – viele – der _____

das Werk – viele – das _____

der Erfolg . – viele – der _____

krank – – _____

schwierig – – _____

Schülerband
Seite 228

Mit Merkwörtern besonders üben

Merkwörter sind Wörter mit einer schwierigen Stelle,
z.B. Wörter mit Dehnungs-h oder mit aa, ee oder oo.
Du kannst aber nicht hören oder herausfinden, wie man sie
schreibt. Deshalb musst du dir diese Wörter gut merken.

Wörter mit Dehnungs-h

**Ein Dehnungs-h kann nach einem Vokalbuchstaben stehen.
So sieht man deutlich, dass der Vokal lang gesprochen wird.**

1 Markiere in den Wörtern den Vokal und das Dehnungs-h.

die Bohne   der Draht   lahm   das Mehl   die Mühle
der Sohn   die Wahl   die Zahlen   zählen   zahm   zehn

2 Schreibe hinter jedes Verb mit Dehnungs-h ein Nomen und
ein Adjektiv aus der Wortfamilie. Markiere den Vokal und das
Dehnungs-h.

unerfahren   gefühllos   verstohlen   der Bohrer   ~~die Ahnung~~
~~ahnungslos~~   verbohrt   fehlerfrei   unbewohnbar   die Fahrerin
der Fehler   das Gefühl   der Diebstahl   die Wohnung

ahnen: die Ahnung, ahnungslos _____

bohren: _____

fahren: _____

fehlen: _____

fühlen: _____

stehlen: _____

wohnen: _____

Denke daran:
Einmal h,
immer h!

Wörter mit aa, ee oder oo

Auch an einem doppelten aa, ee oder oo erkennt man deutlich, dass der Vokal lang gesprochen wird.

❶ Ordne die Wörter. Schreibe sie auf die Linien.
Markiere das doppelte aa, ee oder oo.

der Aal   die Beere   das Beet   das Boot   doof   die Fee
das Haar   leer   das Moor   das Moos   das Paar   der Saal
die Saat   der See   die Waage   der Zoo

Wörter mit **aa**:   der Aal, _____

_____

Wörter mit **ee**:   die Beere, _____

_____

Wörter mit **oo**:   das Boot, _____

❷ a) Setze die Wörter ein. Markiere die schwierige Stelle.
Aal   ~~Beeren~~   Boote   Fee   Meer   See   Waage   Zoo

a. Im Märchen gibt es oft eine gute _____ .

b. Im _____ sind viele Tiere.

c. Die ___Beeren___ schmecken lecker.

d. Einige Sportler müssen oft auf die _____ .

e. Auf dem _____ fahren viele _____ .

f. Der _____ schwimmt im _____ .

b) Schreibe mit anderen Wörtern mit aa, ee oder oo Sätze auf.

Schülerband
Seiten 230/231

Die Großschreibung von Wörtern ermitteln

Wann schreibst du ein Wort im Satz groß?
Diese Strategie hilft dir: Erweitere das Wort mit einem
Adjektiv. Das Adjektiv musst du meist am Ende verändern.

1 Ergänze die fehlenden Adjektive. Beispiel:

Zwei **Krokodile** | schwimmen | im **Wasser**. (groß, blau,
gefährlich, tief)
Zwei groß**e** **Krokodile** | schwimmen | im blau**en** **Wasser**.
Zwei groß**e**, gefährlich**e** **Krokodile** | schwimmen |
im blau**en**, tiefen **Wasser**.

> Denke an die
> Endungen der
> Adjektive!

a. Ein **Affe** | frisst | **Bananen**. (frech, gelb, klein, lecker)

Ein _____ **Affe** | frisst | _____ **Bananen**.

Ein _____, _____ **Affe** | frisst |

_____, _____ **Bananen**.

b. Mein **Freund** | kauft | ein **T-Shirt**. (gut, blau, groß, hübsch)

Mein _____ **Freund** | kauft | ein _____ **T-Shirt**.

Mein _____, _____ **Freund** | kauft |

ein _____, _____ **T-Shirt**.

c. Der **Torwart** | hält | den **Ball**.

Der _____ **Torwart** | hält | den _____ **Ball**.

Der _____, _____ **Torwart** | hält |

den _____, _____ **Ball**.

d. Der **Skifahrer** | rast | über die **Piste**.

Der _____ **Skifahrer** | rast | über die _____ **Piste**.

Der _____, _____ **Skifahrer** | rast |

über die _____, _____ **Piste**.

2 Achtung: In jedem Satz sind zwei Fehler. Finde die Fehlerwörter.
Streiche sie durch und schreibe beide Wörter richtig darüber.

       Fische
a. Viele schöne ~~fische~~ |schwimmen | in einem kleinen ~~teich~~.

b. Drei hungrige giraffen | fressen | saftige blätter.

c. Laute musik | kommt | aus den riesigen lautsprechern.

3 In jedem Satz sind zwei Fehler. Mache die Erweiterungsprobe.
Streiche die falsch geschriebenen Wörter durch und schreibe sie
richtig darüber. Schreibe dann den ganzen Satz auf.

      Schwester
a. Deine ... ~~schwester~~ |trägt | eine ... ~~jacke~~.

Deine kleine Schwester trägt eine hübsche Jacke. _____

b. Das ... monster frisst einen ... apfel.

_____

_____

c. Das ... pferd trabt über eine ... wiese.

_____

_____

*Schülerband
Seite 236*

Fehler entdecken und berichtigen

1 Berichtige die unterstrichenen Fehlerwörter:
– Wende die passende Strategie an.
– Streiche das Wort durch und schreibe es richtig darüber.

      Urlaub   Meer
a. Im ~~Urlaup~~ wollten wir ans ~~meer~~.

Urlaub mit b, weil Urlaube _____

Meer groß, weil: _____

b. Wir sind zum Strant gefahren.

Strand mit d, weil: _____

c. Zuerst wollten wir schnell ins wasser.

Wasser groß, weil: _____

d. Mein Bruder kann auch schon schwimen.

schwimmen mit mm, weil: _____

e. Dann hatten wir hunger.

Hunger groß, weil: _____

f. Unser Esen war im Korp.

Essen mit ss, weil: _____

Korb mit b, weil: _____

2 Gehe bei den folgenden Sätzen genauso vor wie in Aufgabe 1.

a. Die ~~klasse~~ Klasse 5c möchte eine Klassenfahrt machen.

Klasse groß, weil: die tolle Klasse

b. Die Schüler überlegen, wohin es gehen sol.

soll mit ll, weil: _____

c. Auf einen Berk oder an einen see?

Berg mit g, weil: _____

See groß, weil: _____

d. Da geht noch eine Hant nach oben.

Hand mit d, weil: _____

e. Es gibt eine weitere idee:

Idee groß, weil: _____

f. Etwas mit Sport. Das ist gesunt!

gesund mit d, weil: _____

g. Aber nicht kletern. Das ist zu schwierik.

klettern mit tt, weil: _____

schwierig mit g, weil: _____

METHODE   Einen Rechtschreibfehler berichtigen

1. Schreibe das Wort richtig ab und unterstreiche die Stelle,
die du falsch geschrieben hast.

kommen
_____

2. Bilde mit dem Wort einen kurzen Satz.

_____

3. Schreibe einige Wörter aus der Wortfamilie dazu.

_____

4. Schreibe eine Regel auf, die hilft, den Fehler
zu vermeiden.

_____

❸ Im Schülerband hast du die Methode „Einen Rechtschreibfehler
berichtigen" kennengelernt:
a) Lies dir die Schritte 1–4 hier noch einmal durch.
b) Schreibe zu den Schritten 2–4 das passende Beispiel:
– kommen, ankommen, bekommen
– kommen mit mm, weil: kom men
– Ich komme gern zu deiner Feier.

❹ Ergänze den Hefteintrag. Nutze den Zettel.

ansehen	1. sah _____
wir sahen	
der Sehtest	2. Ich sah _____
wegsehen	
den Vogel	3. sahen, aussehen, _____
der Fernseher	
	4. sah mit h, weil: _____